REALIDAD LATINO AMERICANA

REALIDAD LATINO AMERICANA

EDGAR R. BARRIENTOS

Número de Control de la Biblioteca del Congreso de EE. UU.:   2013921766
ISBN: Tapa Dura   978-1-4633-6883-8
                               Tapa Blanda   978-1-4633-6882-1
                               Libro Electrónico   978-1-4633-7451-8

Para realizar pedidos de este libro, contacte con:
Palibrio LLC
1663 Liberty Drive
Suite 200
Bloomington, IN 47403
Gratis desde EE. UU. al 877.407.5847
Gratis desde México al 01.800.288.2243
Gratis desde España al 900.866.949
Desde otro país al +1.812.671.9757
Fax: 01.812.355.1576
ventas@palibrio.com
499860

Indice

INTRODUCCION

Este pequeño libro es mas que todo un enfoque general, un resumen de observaciones que a travéz de los años he hecho en cuanto a la situación Latinoaméricana, al menos en sus aspectos mas sobresalientes e importantes como lo es por ejemplo su Política interna y externa, así como su Religión.

Es mas que todo, diría yo, un grito de protesta que lo mas seguro es que quede en el vacío ya que no voy a pretender que no se hayan escrito antes verdaderos volúmenes (aunque sinceramente nunca he leído uno exactamente de esta clase) seguramente bien documentados que habran permitido a sus autores análisis profundos de la realidad Latinoamericana. Y sí ni ellos, verdaderas autoridades en la materia, han logrado algo, pues mucho menos yo con este humilde trabajo.

Aún así, sentí que tenía la necesidad de recopilar todas mis observaciones acerca del desarrollo de la vida en sus principales aspectos en nuestros pueblos Hiberoamericanos y que como cualquiera otro nacido en estas benditas tierras y conciente del papel que a cada uno nos corresponde por el bien de nuestros paises, tenía la obligación de dejar oir mi grito de angustia, de protesta y rechazo enérgico a la forma en que veo estan siendo conducidos nuestros paisès que nada malo le han hecho a nadie ni jamás han aspirado a gobernar la vida del resto del mundo, sino unicamente al derecho de vivir en paz con su trabajo y su santa religión.

Como cualquiera recordará o habrá observado, que aparte de los movimientos independentistas del siglo pasado, la

América Latina ha sido un conjunto de pueblos hermanos que siempre han amado la paz y les ha gustado vivir en armonía entre ellos mismos y con el resto del mundo.

Son pueblos jóvenes, inocentes, sin malicia alguna y que no han sido mas que un testigo sordo y mudo ante los conflictos en otras regiones del planeta. Hemos siempre respetado al mundo entero para que se nos respete igualmente.

Desgraciadamente no lo hemos conseguido a pesar de nuestra humildad, paciencia y respeto a los demás. Porqué? sencillamente porque el mundo es así, a la bondad le llama tontera.

Todos se sienten con derecho a pisotearnos y tomarnos por ignorantes o bobos que no sabemos mas que trabajar mediocremente la tierra y rezar; creyendose cada quien capáz de llegar a nuestros pueblos y demandar nuestra obediencia y sumisión.

Por todas estas observaciones es que siento que la sangre me sube a la cara y daría mil vidas porque todos los pueblos Latinoamericanos junto con la madre patria España, todos unidos, pudieramos demostrar al mundo que está muy equivocado con nosotros.

Que somos tan capaces como cualquiera de los pueblos que han sobresalido mas en la historia del mundo; como la gran Alemania por ejemplo; que podemos valernos por nosotros mismos que conocemos los recursos con que contamos y los valores que tenemos y que no dejaremos que nadie venga a darnos "atole con el dedo".

Todo esto es con motivo de que hoy por hoy ya la América Latina ha sido incluida definitivamente entre los paises con conflictos internos y externos bastante serios.

Es algo como que los amigos del desorden y de la anarquía y la rapiña internacional, hayan de repente vuelto la mirada hacia nosotros y hayan decidido definitivamente venir a perturbar nuestra paz y tranquilidad de siglos; y hambrientos de codicia y rabiosos de nuestra idiosincracia conservadora en cuanto a nuestros valores morales y religiosos, hayan decidido arrebatarnoslos y hacer de nosotros un rosario de pueblos esclavos y sin voluntad propia.

Eso es el único fin de este mi trabajo. No he pretendido en ningún momento hacer un estudio de los kilómetros de extensión de cada pueblo, o de cuántos habitantes contiene cada uno, o la clase de recursos que tiene uno y el otro no; o porcentajes de analfabetísmo por cada país o quizá estudiar el presupuesto nacional de cada uno, etc. etc.

Para todo ello sobran volúmenes bien documentados y hasta bellamente encuadernados en cualquier parte. Yo solo quiero hacer patente mi energica protesta ante mis propios hermanos Hiberoamericanos por la forma y manera en que se desenvuelven nuestros respectivos paises.

POLITICA O GOBIERNO DE UN PUEBLO

La subsistencia de un país depende de dos grandes principios: su Politica o Gobierno y su Religion.

Son estos principios las dos grandes bases sobre las cuales descansa la subsistencia de cualquier país del mundo, pues asi como una familia que es el nucleo principal de la sociedad, necesita el orden y diciplina y al mismo tiempo tener fe y confianza en Dios para su salud espiritual, todo ello junto para su subsistencia, asimismo el país entero que es el conjunto de todas las familias que lo forman necesita de ese orden y diciplina y de la fe y confianza en Dios para su propia supervivencia.

Basado en el razonamiento anterior se adoptara un programa de gobierno que se ajuste como el mas adecuado, el mas razonable ante cualquier sistema que se adopte con toda la buena intención para conseguir la felicidad, tranquilidad y seguridad de un pueblo.

El sistema que se adopte puede ser por ejemplo el sistema Democrático que es el mas popular; puede ser tambien el Monárquico el cual ha ido desapareciendo con el tiempo, o tambien puede adoptarse un sistema Dictatorial. Estos entre los mas conocidos.

En realidad, según mi manera de pensar, el éxito o el fracaso del gobierno adoptado por un país no consiste exactamente en el sistema que emplee sino mas bien en la buena o mala fé de sus gobernantes, pues bien sabido es que no hay peor sordo que el que no quiere oir, ni mas ciego que el que no quiere ver; de lo que se deduce que de nada servira el mejor sistema de gobierno en el mundo para un gobernante empeñado en hundir a su propio pueblo ya que aunque lo anterior suene muy cruel, la historia esta llena precisamente de casos como ese, de lo contrario el mundo seria distinto a como es y a como ha sido; pero desde Cain hasta Judas Iscariote han existido y siguen existiendo traidores y malos hijos de sus propios pueblos ya sea conciente o inconcientemente.

Tenemos por ejemplo que en un sistema Monárquico, el gobierno esta en manos de un soberano, puede ser éste un Rey, un Principe, un Cesar un Emperador, etc, etc. como se le quiera llamar. Puede ser Monarquía absoluta como en sus primeros tiempos o Monarquía Constitucional como hará cosa de unos docientos años a la fecha.

En la Monarquía Constitucional el gobierno del soberano esta limitado por la constitución. En el primer caso, los que no esten de acuerdo diran por ejemplo, que no es recomendable, que no es lógico, que es peligroso, etc. que el gobierno del pueblo esté en las manos de una sola persona, que se trata nada mas y nada menos que de la vida, el destino, la suerte, etc., de todo un país; diran tambien que no se puede o mejor dicho, que no se debe vivir al capricho o voluntad absoluta de una sola persona que no se sabe si tal o cual día se levantara "con el moño parao" o simplemente es un pobre diablo que "deja hacer nomás".

Por tales razones y "por si las moscas" mejor se decidió limitarle un poco los poderes al soberano, haciendolo jurar una constitución, la cual respetara y hará respetar.

En cuanto a los que favorecen y apoyan el gobierno monárquico, diran quiza que esta bien así, que es mejor y mas recomendable que el gobierno esté en las manos del rey unicamente pues asi él es el único responsable de los destinos del país; es una sola persona a quien habrá que pedir cuentas, reclamar, apoyar, bendecir o maldecir.

Aduciran quizá que una sola persona está mas conciente de su responsabilidad, que le es mas fácil gobernar ya que no tiene mayores obstáculos que vencer y por tanto perdida de tiempo en discuciones con cámaras y parlamentos para velar por la felicidad de su pueblo.

En ambos casos, como dije al principio, ya sea Monarquía absoluta o constitucional, todo depende de la buena o mala fé de sus gobernantes pues aun en el caso de que sea una Monarquía constitucional, de nada sirve que haya cámara de Diputados, Parlamentos, Primeros Ministros, etc. si la mayoría o quizá todos sean una bola de conspiradores y ladrones que manejan la constitucion a su sola conveniencia y al pobre Rey lo tienen arrinconado e imposibilitado de salir en defensa de su pueblo.

En un sistema Dictatorial, el caso es mas o menos parecido, solo que un Dictador no obedece a ninguna constitucion, ni a ningun congreso o senado. Es él quien gobierna con su buena o mala fé dictando Decretos Leyes, dando o quitando garantías al pueblo que gobierna; en otras palabras es un personaje que gobierna con poder absoluto.

Como puede verse a simple vista, es un sistema en que el pueblo corre el mismo riesgo de ser felíz segun sean los buenos o malos propósitos del Dictador.

Ahora bien; hay que hacer notar una cosa, que no porque tanto el Rey o el Dictador ejerzan poder absoluto signifique esto que el sistema tenga que ser malo y perjudicial al país.

En primer lugar, no es que el Rey o el Dictador gobiernen extrictamente hablando "solo", atenido únicamente a su abundante o limitada inteligencia, no; dicho gobernante cuenta con la colaboración de asesores, consejeros y ministros para ayudarlo a pensar; eso sí es él quien tiene la última palabra.

Precisamente hay hombres que se erijen en Dictadores de sus pueblos guiados por el amor al mismo y alarmados al ver el abismo hacia el cual se dirige el país; se dan cuenta de los acontecimientos diarios, del desenfreno, por ejemplo; del libertinaje, de la anarquía a que se conduce o está siendo conducido el país y siente y lo ve como un caballo desbocado al que hay que detener inmediatamente.

Tenemos por último el sistema Democrático (demos=pueblo, Kratos=gobierno). Este es un sistema como se sabe impuesto por Pericles en Atenas, Grecia por el cual como su nombre lo indica, es un gobierno popular o sea, un gobierno salido del pueblo para gobernar a este mismo pueblo.

Dicho de otra manera, es un sistema que se basa en el principio de que desde el punto de vista político, todos los habitantes de un país tienen igual derecho a ejercer el gobierno del mismo sin discriminaciones de raza, sexo, credo o color puesto que todos son dueños.

O sea que es un sistema que si existiese lo perfecto en este mundo, este sería un caso perfecto de gobierno. Del pueblo y para el pueblo.

Se parece bastante a otro tipo de gobierno que le llaman Comunismo. He dicho se parece, no que sea lo mismo, que quede claro.

He dicho que se parece al Comunismo porque casi tiene los mismos enunciados, como eso de que todos tienen los mismos derechos, nadie es mas que nadie, todos somos iguales, el pueblo manda, el pueblo elige a sus gobernantes, nada se hace sin que el pueblo lo sepa, el pueblo por aquí, el pueblo por allá, etc.

La única diferencia es que bajo el sistema democrático existe la vida privada y en el Comunismo no; allí todo es del pueblo, nada es de nadie y todo es de todos. (segun dicen).

Desgraciadamente y como digo mas arriba, en este mundo no existe lo perfecto, o sea que no hay regla sin su excepción. Tenemos idea de lo perfecto pero no podemos verlo o tocarlo, ademas, creemos que "perfecto solo Dios".

Es por ello que el sistema democrático no puede funcionar al cien por ciento de satisfacción porque en su propia naturaleza esta su defecto, su talón de Aquiles.

Es un sistema que permite participar a todos sin excepción, sin discriminaciones y por lo tanto se presta perfectamente para que la demagogia entre en acción y se adueñe de los destinos del pueblo y sino, miremos a nuestro alrededor; la mayoría de los pueblos del mundo actual en especial del mundo Occidental son dizque Democráticos, o sea pueblos en que el mas hábil, el mas astuto, el mas simpatico o con mas carísma como se dice ahora, tiene la oportunidad de llegar a ejercer el mando del gobierno incluso los sinverguenzas, usureros, ladrones y aventureros de toda laya.

De tal manera que en ese sistema se vive un ambiente dizque de completa libertad; libertad para expresar lo que se siente, libertad para decir lo que se quiere decir, incluso a insultar a medio mundo, al mismo gobierno, a las leyes, a la religion a la Iglesia y sus sacerdotes, etc.

Libertad para hacer lo que uno quiera o se le ocurra, desde las cosas mas bellas, mas sublimes a las mas terribles como robar, golpear, matar, etc., en fin, prostituirse como le guste al individuo.

Que para eso hay leyes? eso es lo de menos, las leyes las hacen los hombres. Si un gobierno honrado, honesto, constituido por hombres de honor y con temor a Dios, dejó por ejemplo leyes buenas y justas, el gobierno próximo formado por sinverguenzas, ladrones y blasfemos las derogará porque no le convienen y las substituirá por leyes criminales, sacrílegas o simplemente a esas leyes buenas del gobierno anterior le opondrá otras leyes para anularlas.

Por ejemplo si una ley del Gobierno honesto manda castigar a un homicida con la pena correspondiente y aun con la pena de muerte, el gobierno entrante, el corrupto, simplemente deroga la pena de muerte con las razones que le dé la gana, o simplemente crea una ley nueva protegiendo a los enajenados mentales, paranóicos, esquizofrénicos, o locos como se les quiera llamar y en lugar de castigar al susodicho criminal lo mandan a un hospital para enfermos mentales de donde al cabo de unos años o quizá tan solo de unos pocos meses el sujeto está de nuevo en la calle matando a diestra y siniestra de lo mas contento sabiendo que si lo vuelven a pescar, en el peor de los casos simplemente quizá le confinen por un período de tiempo un poco mas largo en el dichoso hospital de donde tarde o temprano volverá a salir.

Lo mismo sucederá con los ladrones, usureros, estafadores, etc., siempre habran leyes que los protejan en sus fechorías, creandose asi un estado de caos en donde la gente honrada ya no sabe a qué atenerse, pues creyendo que lleva las de ganar en su justa demanda ante los tribunales, se lleva tremenda sorpresa cuando le salen con que otra ley nueva les hace perder el caso y aun mas, la deja a merced de la parte contraria o sea del comerciante inescrupuloso, o el propietario de la casa o apartamento donde vive, etc.

Tradicionalmente acostubramos tener gobierno Democrático, Repúblicano y Representativo, el cual delega la soberanía del país en los organísmos Ejecutivo, Legislativo y Judicial; estos organísmos operan sin subordinación alguna entre sí.

Tanto el Presidente de la república que es el Jefe del poder Ejecutivo, como los diputados miembros de la Asamblea Legislativa, son electos por votación popular.

El Presidente del Organismo Judicial es nombrado por el Congreso Nacional.

O sea que se practican elecciones generales en todo el país cada cuatro, cinco o seis años según la constitución o Carta Magna de cada quien, para elegir tanto al Presidente de la República y su Vice-Presidente como a los señores Representantes al Congreso Nacional.

Bien, perfecto. Todo el país se supone elige a sus mas altas autoridades, ganando la mayoría absoluta. Esta mayoría absoluta la determina cada país según lo desee o crea conveniente.

En realidad a lo que yo quiero referirme es a las flaquezas o defectos del sistema. Por ejemplo en cuanto a esta Mayoría absoluta; puede ser por mayoría de Distritos Electorales ganados, por porcentajes obtenidos, o simplemente por mayor cantidad de votos efectivos.

Yo no quedo muy satisfecho ni considero que dichas altas autoridades hayan sido electas por la gran mayoría de la población realmente.

En primer lugar, tenemos toda la población no apta para votar como por ejemplo: la población infantil hasta el límite de la mayoría de edad; tenemos también la población carcelaria que como es natural tienen suspensas sus garantías individuales o lo que es lo mismo, estan en estado de interdicción; tenemos por otra parte, los declarados en estado de enajenación mental, y en algunos paises, las personas mayores de cierta edad, asi como tambien las mujeres.

En algunos paises el voto analfabeto es obtativo. Tomaremos en cuenta tambien la gran cantidad de habitantes no inscritos en el Registro Electoral; incluyamos por otro lado a la gran cantidad de personas que no votan, no votan simplemente porque no les da la gana, por desidia, por falta de confianza nunca lo hacen, les es indiferente quien gobierne el país.

Tomaremos tambien en cosideración al Ejercito Nacional en todas sus armas. De tal manera que sumados todos estos grupos de población y restado del total de habitantes del país, nos va quedando ya una minoría si la comparamos precisamente con este total de habitantes.

A esta minoría que digamos es la población correctamente inscrita y apta para votar, aún le tenemos que deducir los votos nulos asi como los votos en blanco igualmente deduciremos las personas que aún estando legalmente inscritas y aptas para votar no lo hicieron; así pues qué nos queda? pues nos queda la cantidad neta que realmente ha votado y cuyos votos son legalmente válidos. Pero qué viene ahora? pues que este total neto de votos que constituye una minoría del total de la población, habrá que prorratearlo entre el número de partidos políticos participantes en la contienda electoral y los cuales asi como solo pueden ser dos, tambien pueden ser diéz de tal suerte que tendremos que deducir tambien todos los votos de los partidos perdedores a fin de establecer la cantidad neta y real que ha decidido el cambio del gobierno lo que obviamente significa la suerte del país.

En otras palabras, es una pequeñísima parte de la total población del país la que resulta imponiendo su voluntad a la inmensa mayoría por un lapso de cuatro, cinco ó seis años y con derecho a la reelección.

Así que despues de un proceso electoral, el tal o cual país gritará al mundo de que por la soberana voluntad de la Mayoría de sus habitantes ha elegido a sus próximos gobernantes.

Pero pasando por alto todos esos cálculos ya que es obvio que no podemos hacer votar a los menores de edad ni a los incapacitados, etc. por lo menos debiéramos velar porque dichas elecciones fueran completamente limpias y honestas, pues yo no creo que haya algún país con este sistema en donde no entren en juego una serie de intereses y prácticas poco limpias presiones e influencias de toda índole de adentro y desde afuera.

Yo pienso que ademas de tomar todas las medidas para la realización de unas elecciones completamente limpias, debería prohibirse la participación de los ciudadanos naturalizados en el país; y aún mas, a los naturales con procedencia extranjera por lo menos hasta su cuarta o quinta generación.

De este modo los candidatos participantes serían los legítimos hijos del país que no tienen motivo ni razón alguna para suspirar por patrias lejanas, me refiero a la de sus padres por supuesto.

Encima de esto y previniendo que dichos personajes sean influenciados desde el exterior, antes o despues de ser electos, deberá juzgárseles severamente por traición a la patria por cualquier acto cometido en menoscabo de los intereses del país.

Estos personajes además, no podran abandonar el país despues de dejar el mando del gobierno, al menos por un término de tres años, previniendo cualquier desmán que hayan cometido y que muy bien puede salir a relucir en dicho tiempo.

Digo todo esto porque si el lector observa un poco la procedencia de nuestros gobernantes en América Latina, estoy seguro de que encontrará muchos apellidos extranjeros que solo porque se han naturalizado en nuestros pueblos o aún mas, solo porque han nacido en ellos por casualidad, o porque sus padres extranjeros fueron a residir al país ya se les concede el derecho de elegir y ser electos.

Analice la historia de los pueblos del mundo el amable lector y estará de acuerdo conmigo en que en la mayoría de los casos sus gobernantes han sido de origen extranjero a quienes poco les ha importado la suerte del país que han gobernado aún cuando ellos mismos hayan nacido allí. Ellos se interesan mas por la patria de sus padres que tambien consideran suya y en primer lugar.

Le aclaro al amigo lector que lo expuesto no es creyendo que con eso ya conseguimos la prosperidad, felicidad y total desarrollo del país; tengase en cuenta que en este capítulo hablo únicamente del proceso electoral en nuestros pueblos Latinoaméricanos.

Pero lo que sí afirmo es que con ello habremos adelantado bastante, pues se habrá corregido uno de los defectos mas grandes y de tan serias consecuencias en nuestros paises.

Para no terminar aquí este capítulo relativo al proceso electoral en el sistema demócratico, señalando unicamente sus deficiencias, expondré tambien algunas ideas que quizá parezcan ingenuas por su sencilléz pero que llevadas a cabo con precisión y energía no veo yo porque no pueden dar sus buenos resultados. Son ideas encaminadas a lograr unas elecciones mas limpias que ofrezcan mas garantías al país en cuanto al resultado obtenido.

Suponiendo en primer lugar, que el gobierno actual sea honesto y que tenga verdadero interés en la realización de unas elecciones totalmente claras y limpias, yo diría que despues de contemplar lo dispuesto en cuanto a los presuntos candidatos de procedencia extranjera de que hago mención anteriormente; comprobada su elegibilidad hasta su cuarta o quinta generación por ejemplo, y quedando por consiguiente como participantes pues los legítimos hijos del país, podríamos pasar a la supervisión de las distintas campañas electorales, comprobando ademas de la cantidad mínima de electores por cada candidato, los planes de gobierno de éste, al menos los puntos mas importantes evitando así la demagogía popular de engañar al electorado prometiéndole quimeras; proyectos imposibles de realizar en un corto período de gobierno, prometiéndole en fín el oro y el moro y un sinfín de estupideces que bien saben ellos mismos que son puras mentiras.

Pero yo creo que lo mas importante de todo es la ejecución sistemática y a nivel nacional de un plan de conzictización de la población. En otras palabras, un programa rigurosamente aplicado por el Ministerio de Educación Pública para que desde la escuela primaria se comience a forjar ciudadanos concientes de su nacionalísmo; inculcarles por todos los medios posibles el amor a la patria comprobando al mismo tiempo su grado de conocimiento de la geografía nacional en toda su extensión haciéndoles ver las pocas o muchas riquezas de que son dueños y que de ellos depende conservarlas, aumentarlas o perderlas para siempre.

En otras palabras, todos los aspectos que ya el lector conoce relativos a la patria que es nuestro único y verdadero hogar y que por lo tanto tenemos que cuidar y defender con uñas y dientes cuantas veces sea necesario.

Con programas como el apuntado aplicados en forma sistemática y rigurosa, llegará el día en que el país cuente con verdaderos ciudadanos concientes de su responsabilidad actual y para con las generaciones futuras. Ya sé que muchos de estos bellos propósitos se encuentran en nuestros países en los libros de texto o en nuestras leyes, pero nadie o casi nadie las aplica o se enseñan en las escuelas por pura rutina y sin mayor énfasis.

No habrá demagogias internas o externas que éstos buenos elementos, no reconozcan inmediatamente y rechacen con la fuerza de su nacionalísmo puro. Entonces podran realizarse elecciones verdaderamente honestas en el país.

Pero mientras llega ese día glorioso para el pueblo, éste puede seguir practicando elecciones un poco mas limpias. Por ejemplo, en cuanto al momento del sufragio propiamente hablando, bien pueden fabricarse las urnas que sean necesarias de ese material plastico tan resistente y tan transparente que usan mucho hoy en día los bancos y oficinas públicas.

Se colocan estas urnas en lugares públicos, si es posible al aire libre y a la vista de toda la ciudadanía debidamente resguardadas por la fuerza pública de tal manera que todo el pueblo vea a cada quien depositar su voto, así como la cantidad de votos contenidos en la urna transparente.

En cuanto al escrutinio, éste se hará allí mismo delante del pueblo y con la vigilancia de cámaras de televisión siguiendo todos los movimientos de los miembros de la mesa electoral, las que al finalizar el escrutinio anunciaran allí mismo y en forma oficial el resultado obtenido.

Hasta después de haberse proclamado oficial y publicamente los resultados en todos el país podran entonces moverse dichas urnas de su sitio. Mientras tanto, al finalizar el escrutinio, todos lo votos y papelería correspondiente serán depositados de nuevo en la urna y ésta permanecerá en el mismo sitio debidamente custodiada por la fuerza pública y no podrá ser trasladada a parte alguna.

La aguda inteligencia del lector dirá: "Y qué de los mas apartados rincones del país en donde no hay mas televisión que la luna reflejada en el río?". Pues se seguirá el mismo procedimiento, solo que sin televisión, claro, pero sí bajo la atenta mirada de la ciudadanía a quien la fuerza pública no podrá impedirle acercarse a una distancia suficientemente cerca como para observar los movimientos de los señores miembros de la mesa electoral.

Demás está decir que se recogerán todas las armas de fuego, cortantes y punzantes durante el proceso electoral. Naturalmente que habrán cuarenta mil formas de colocar dichas urnas; yo diría que por ejemplo en una plataforma de cemento que se les haría y en la cual quedarían perfectamente afirmadas previniendo, por caso, un ataque sorpresivo de gente armada que quisiera cargar con ellas para entorpecer el proceso.

El sistema Comunista: este sistema es completamente inoperante, definitivamente ridículo y fuera de toda lógica.

La doctrina comunista propalada por los judíos Carlos Marx y Federico Engels a mediados del siglo pasado, no es mas que la contradicción a los principios naturales para el desenvolvimiento de una sociedad.

Es esta una doctrina demagógica que tiende al subyuga miento, a la esclavitud y anulación de la personalidad del individuo. No reconoce clases sociales de ninguna especie; tiende a la colectivización del trabajo humano, del comercio y la industria. El sistema de gobierno comunista se atribuye el derecho de repartir dizque equitativamente los bienes de consumo. Combate la propiedad privada.

La doctrina comunista va dirigida especialmente a las masas, a la gente proletaria, a la clase trabajadora a quienes hace creer que ayuda, que existe especialmente para ella. Ciertamente existe especialmente para ella, pero no para ayudarla sino para valerse y servirse de la ignorancia, de la buena fé de la clase trabajadora; explotando a su sabor las justas aspiraciones a una vida mejor de los miembros que componen dicha clase (y quién no trabaja!) sabiendo perfectamente la fuerza política que representa.

Es una doctrina demagógica, sucia y víl que hace creer a los pueblos en hechos cuando en realidad solo les esta hablando de ideas; como cuando les habla de Libertad; los pueblos sin pensarlo mucho entienden que les daran y tendran libertad absoluta para hacer lo que les venga en gana cuando en realidad la demagogia comunista sabe que la idea de libertad, de libertad completa, es irrealizable, ya que nadie sabrá usarla discretamente.

Nadie es completamente libre ya que todos dependemos de algo o de alguien. Tampoco podemos juzgarnos todos iguales, pues sabido es que cada cabeza es un mundo; por tanto la idea de Igualdad entre los hombres es irrealizable, no existe puesto que va en contra de los principios y leyes naturales ya que en el mundo nada es igual, todo cambia, todo tiene su contrapuesto: alto, bajo; blanco y negro; bonito y feo, etc.

El mismo Dios que creó el mundo decidió que nada fuese igual y para ello creó los colores y los tamaños en las cosas de la naturaleza; no existen acaso multitud de razas distintas en el mundo cada una con su propia idiosincrasia?.

Tampoco podemos tomar como un hecho la idea de Fraternidad ya que sabido es que los derechos de uno terminan donde comienzan los del otro y cuando por ejemplo esta regla se quebranta no creo que la fraternidad salga muy bien librada.

En resumen que todo es relativo; los pueblos toman por hechos lo que solo son ideas, como los casos apuntados de Libertad, Igualdad y Fraternidad tan cacareados en todo el mundo. Suenan muy bonito es cierto, y hasta conmueve el oírselas gritar a los políticos, máxime cuando hay un buen orador, a cualquiera se le humedecen los ojos por la emoción.

En algunas ocaciones he escuchado estas dos sentencias: "Que cada pueblo tiene el gobierno que se merece"; y que "La voz del pueblo es la voz de Dios" (Vox Populi vox Deo).

Del primer concepto saco yo que lo que me han querido decir con ello es que un pueblo como cualquier persona, cocecha lo que ha sembrado; esto es, si ha sido un pueblo rebelde desordenado, sanguinario, malo en resumen, pues tambien se habrá ganado el gobierno que lo explota, que lo insulta, que lo sangra y que lo traiciona.

Si por el contrario, ha sido un pueblo modelo de virtudes, asimismo merece tener un gobierno digno, respetuoso y preocupado por la felicidad de su pueblo.

Por el segundo concepto de que "La voz del pueblo es la voz de Dios" pues creo que se querra indicar lo siguiente: de que el pueblo todo lo ve, y todo lo oye, por lo tanto todo lo sabe. Que esta formado por gente que sabe, que conoce, que piensa;

al mismo tiempo que por gente ignorante e inculta. Contiene asimismo personas honradas y limpias de cuerpo y alma asi como de largos y vagos que "se las saben todas".

En resumen, de que es imposible engañar al pueblo, ya que éste se dará cuenta tarde o temprano del bien o del mal que se le quiera hacer.

Yo no estoy del todo de acuerdo con ninguno de los conceptos anteriores; no estoy de acuerdo porque, en el primer caso por ejemplo, hay y han habido pueblos que siendo constituidos por gente buena y sana han tenido que sufrir gobiernos déspotas y sanguinarios que en realidad no se merecen; y por el contrario hay o han habido pueblos de gente perversa que han sacrificado, humillado y apedreado a gobernantes buenos que han querido ayudarlos. Habran sido quizá gobernantes demasiado débiles, demasiado buenos o ignorantes.

En el segundo caso, esc de que el pueblo todo lo ve, todo lo oye y por tanto todo lo sabe por lo que no puede ser engañado; me parece de que eso suena muy bonito y muy lógico puesto que en un pueblo hay de todo, pero la historia y mas que todo, la realidad de los tiempos actuales que vivimos me hacen ver con claridad espeluznante que desgraciadamente los pueblos sí pueden ser, han sido y siguen siendo vilmente engañados y sino, ved a vuestro alrededor, fijad vuestra atención en la situación de cada país; en su economía, en su educación, en sus valores morales, en su religión, etc. etc. es ser eso civilizado? gozan acaso de prosperidad la mayoría de los pueblos del mundo?.

Creeis acaso de que un pueblo por su propia iniciativa se va a convertir en un pueblo sin fé y sin religión? es que acaso un pueblo debe por su propio gusto dividirse en partidos políticos para bañarse en su propia sangre no resultando mas víctimas que él mísmo sin saber ni llegar a averiguar nunca quién fué el que encendió la mecha?.

Cómo puede un pueblo que todo lo ve y todo lo oye empobrecerse de la noche a la mañana o simplemente no poder salir nunca de la miseria en que vive por mas esfuerzos que haga?.

Cómo puede un pueblo que todo lo sabe endeudarse sin remedio con los usureros internacionales de todos los tiempos hasta el colmo de que si digamos éstos se presentaren en cualquier momento a reclamar su dinero, este pueblo que no tiene como pagar no tendría mas remedio que postrarse y presentar manos, cuello y pies para que le pongan las cadenas de la esclavitud?.

No es ese en este mismo momento el caso de muchos paises especialmente de Latinoamerica? Cuánto dicen los noticieros escritos y hablados diariamente que debe la América Latina? pues nada menos que la linda suma de trescientos mil millones de dólares Americanos, siendo los mas endeudados: Argentina, Brasil, México, Bolivia, el Perú y algunos otros mas.

En que momento se metieron estos pueblos nuestros en semejante situación? ni ellos mismos lo saben. Porqué? Porque no se metieron, "los metieron"; porque son engañados diariamente.

Y asi podriamos seguir señalando la situación de los pueblos actuales que habiendo contado antes con mayor o menor riqueza, que se enorgullecieron siempre de sus buenas costumbres y principios morales, de haber contado siempre con una fé firme en su religión, no son ahora mas que marionetas que danzan y se mueven por hilos invisibles que nunca ven.

Los pueblos actuales no son mas que pobres inconcientes que se revuelcan en el fango de los vicios, que andan en las tinieblas que trae la falta de la fé y el temor a Dios; que se desangran en luchas fraticidas que no entienden ni han iniciado ellos. Son pueblos que habiendolo tenido siempre todo estan a punto de quedarse sin nada.

Son pueblos que no ven el peligro que les hacecha porque les tienen atrofiada la mente con palabras rimbombantes como: Libertad, Liberación, Derechos humanos, Amnistía Internacional, Recuperación económica, etc, etc. creyéndose cada quien el autor de tales enunciados.

Si analizamos un poco los conceptos apuntados de Libertad, Liberación, Derechos Humanos, Amnistía Internacional y Recuperación económica, por citar solamente unos cuantos de los tantos con que los manipuladores de la política mundial tratan de engañar a los pueblos de la tierra con el diabólico fin de esclavizarlos, veremos la gran diferencia que existe entre el significado verdadero y natural de dichos conceptos y la equivocada y retorcida aplicación que se les da en realidad en todos los paises.

Libertad: Tomando el concepto en su significado cencillo y natural, yo diría que es la facultad de actuar de una persona en cuanto a hacer o no hacer, de disponer libremente de su persona y de sus bienes, de hacer lo que crea mas conveniente para su bienestar personal ya que se supone que nadie se desea mal para sí mismo.

En cuanto al punto de vista político, pues todos sabemos que es el derecho de hacer todo lo que la ley no prohibe.

Ahora bien; cómo se emplea actualmente esa libertad en cada país?.

Si el lector analiza el acontecer diario, estará de acuerdo conmigo en que siempre estamos oyendo hablar de Libertad de prensa, Libertad de expresión del pensamiento, Libertad de cultos, Autonomía Universitaria, Instituciones Autónomas de toda índole, Banco Central Autónomo, etc. etc.

O sea que amparándose bajo dichos conceptos y sin importarles las limitaciones legales y naturales, los esclavizadores de los pueblos inducen a éstos a traspasar dichos límites y cuando la ley, cuando ésta es justa y honesta, quiere intervenir y poner a quienes abusan de esas libertades en su sitio, éstos o quienes los inducen al Libertinaje, puesto que no es otra cosa lo que realmente practican, inmediatamente hechan mano de todos los medios de difusión y propaganda a su alcance y claman a los cuatro vientos y a todo pulmón de que se les estan coartando sus "libertades individuales o colectivas", que se está viviendo bajo un régimen de terror y de mordaza, que no se respeta la "libre expresión del pensamiento", etc., de tal manera que se les deje seguir robando, matando y planificando todos los medios y maneras para subvertir el orden establecido y necesario para el normal desarrollo y bienestar del país ya que bien dice el refrán "En río revuelto, ganancia de pescadores".

Liberación: Como este concepto es derivado del anterior, no puedo extenderme mucho ya que existe gran similitud en su uso y abuso.

Liberación entiendo yo que es la sensación de libertad la recuperación de la libertad, el desembarazo de una situación.

Bajo esta bandera de "Liberación" los demagogos de todos los tiempos arrastran tras de si a todos aquellos inconformes con las normas naturales y normales de existencia, a todos los frustrados y enfermos del espirítu, a todos los desviados de los causes naturales del comportamiento humano, en fín a todo aquel incapáz de luchar honesta y valientemente por lo que quiere; a todo aquel incapáz de expresarse en forma lógica y normal para exponer lo que siente; diría yo por ejemplo, el individuo incapáz de enamorar a una mujer en la forma tradicional caballerosa y galante, aquel que por ejemplo, se averguenza de confesar su fé y su temor a Dios.

Para todos estos en fín, a sido una verdadera Liberación la época en que vivimos en que todo se acepta y disculpa. Se insulta a Dios en todas las formas y maneras, se queman las Iglesias cristianas, se queman cruces en todas partes; el crimen y la prostitución en todas sus formas y en toda su crudeza campean sin temor por todo el mundo.

Quien no ha oido hablar de la famosa Liberación femenina por ejemplo; no fué eso acaso una oportunidad de desenfreno para todas aquellas mujeres inconformes con su condición de tal?.

No soy yo quien va a atacar a la mujer en general tachándola como un cero a la izquierda como dicen algunos, ni a quitarle ni a dejar de reconocer sus facultades intelectuales, ni mucho menos quien va a menospreciar la inapreciable ayuda que ella le presta al hombre en esta vida. Soy el primero en reconocer por todo en una sola frase, que la mujer es el complemento del hombre en este mundo; cualquiera sabe que Dios la hizo para la felicidad y perfecto desenvolvimiento de la vida humana asi como las hembras y demas generos femeninos en las especies inferiores de la creación.

Pero una cosa es aceptar y reconocer todos estos conceptos naturales acerca de la mujer y otra muy distinta es aceptar que ésta quiera tomarse papeles que no le corresponden y que mas bien dañan su integridad y salud física y moral.

Yo no creo que sea muy edificante el ver a una mujer por ejemplo, practicando la Lucha Libre, o jugando al Football;

ver asimismo, una mujer manejando una pala mecánica o un tractor, o aún mas, una mujer empuñando un fusil en un campo de batalla.

En resumidas cuentas y por no citar mas ejemplos que sería la de nunca acabar, cualquiera persona que observara detenidamente la liberación que los gobiernos del mundo otorgan a sus pueblos, notaría que ésta no es una liberación sana, sino por el contrario, es una posición cómoda, débil, cobarde y hasta criminal que adoptan de falsa condecendencia con el pretexto de "los tiempos modernos" para que los enemigos del orden y la legalidad; de la moral y de la religión cristiana hagan de las suyas engañando, degenerando y prostituyendo a la población, especialmente a las juventudes.

Derechos Humanos: Actualmente está muy de moda la defensa y la proteccion a los derechos humanos en todo el mundo; se ha creado la Comisión Internacional de los Derechos Humanos, la que por cierto se mantiene muy vigilante en todas partes y pobre de aquel país que comete alguna violación porque se le castiga severamente.

El único defecto de dicha Comisión, es que solo actúa cuando se trata de defender a sinverguenzas, terroristas y toda clase de alborotadores de la poca paz y tranquilidad de que aún puedan disfrutar algunos pueblos.

De tal manera, pongamos por caso, que si algun gobierno logra hecharle el guante a uno o varios de estos conspiradores nacionales o internacionales y los castiga como se merecen, inmediatamente se pone en acción la maquinaria pro defensa de los derechos humanos y obliga a dicho gobierno que deje en libertad a dichos sujetos, a que les pida disculpas y aún a que les indemnice en alguna forma.

Si por sus justas razones dicho gobierno no acata las disposiciones de la comisión, será castigado con que se le ataque en la prensa mundial como un gobierno reaccionario, racista, anti-democrático; de esto y de lo otro; por lo tanto se le corta el turísmo, los créditos monetarios, la asistencia tecnica militar y científica, o tambien se le discrimina deportivamente, etc. etc. En otras palabras, se le ataca despiadadamente hasta que se arrepienta y pida disculpas y todo por el flagrante delito de castigar a quienes lo atacan y traicionan.

Igual suerte correrá cualquiera otro gobierno que quiera protejer la paz y la tranquilidad o la integridad de su territorio y actue energicamente contra estos maleantes y saboteadores locales y extranjeros.

Amnistía Internacional: Este es otro cuerpo de "Vigilancia" que trabaja en la misma forma que la comisión de derechos humanos.

Este movimiento de Amnistía Internacional es la que se encarga de obligar a los gobiernos del mundo a poner en libertar a todos esos conspiradores y maleantes para que sigan atormentando a estos mismos pueblos.

De tal suerte que protejidos por organísmos internacionales como los apuntados y por otros muchos mas que existen, los movimientos gerrilleros y de narcotraficantes, terroristas, etc. actuan inpunemente y a toda hora sin temor alguno a ser combatidos y mucho menos castigados por los gobiernos a quien le amargan la vida.

Recuperación Económica: esto no es mas que una gigantesca comedia en que se hace participar a los pueblos del mundo por parte de los usureros internacionales de todos los tiempos.

Mientras se les ha estado explotando económicamente se nos ha llamado "Paises en desarrollo" o "Paises Sub-desarrollados" o bien "Paises en vias de desarrollo"; en otras palabras, paises que aún no han alcazado un grado prominente de civilización, de prosperidad económica, paises que aún no son capaces de producir los bienes de consumo suficiente para satisfacer sus propias necesidades y mucho menos para exportarlos al resto del mundo, participando así con dignidad y pujanza en el mercado mundial y obtener las ganancias lógicas que les permitan holgadamente la realización felíz de sus respectivos programas de gobierno, poniendose al mismo tiempo a la misma altura de los paises llamados ricos y poderosos o sea los que ya estan "Desarrollados".

Bien; pues ahora cuando ya se les ha sacado hasta el ultimo centavo y que encima de eso, deben hasta "el modo de andar" y para colmo de todo, no tienen conqué pagar, se les hace creer de que estan en una "franca recuperación económica" que necesitan ajustar sus presupuestos fiscales, que la medida indicada es renegociar su espantosa deuda externa, lo cual claro, les sale costando un ojo de la cara y que automáticamente se acumula a la vieja deuda.

Pero no contentos con esto los tales extorsionístas mundiales, los acosan día y noche directa o indirectamente para que acepten mas dinero prestado que ya pagarán algun día, ellos o sus nietos.

Por supuesto que todos estos préstamos de dinero además de obtener la consabida ganancia, son otorgados con una serie de condiciones y garantías políticas que el gobierno en turno se apresura a aceptar en nombre del sufrido y explotado pueblo que es quien realmente el que tiene que pagar y sufrir dichos contratos hechos a sus espaldas ya que cuando llega a enterarse en que lío está metido, ya es demasiado tarde y no le queda mas remedio que pagar y afrontar las condiciones aceptadas por los malos hijos que lo gobiernan.

POLITICA INTERIOR

La política interior, o el gobierno interior de cualquier país no es mas que la conducción en la mejor forma posible de los negocios del mismo mediante la reglamentación adecuada para el felíz desenvolvimiento de su vida interna, la cual como es obvio comprende una y mil actividades, las cuales yo resumiría en las cuatro siguientes:

1ª) ECONOMIA
2ª) EDUCACION
3ª) DEFENSA NACIONAL
4ª) SALUD PUBLICA Y ASISTENCIA SOCIAL

Naturalmente que cada una de estas ramas del gobierno interno puede subdividirse en infinidad de dependencias como sea necesario.

ECONOMIA
LATINOAMERICANA

Concretándome a la economia de nuestros pueblos Latinoamericanos, yo diría que nunca hemos tenido ninguna, ya que si por Economía, es decir la Economía de un país, lo que se conoce por Economía Política, entendemos la ciencia que regula o controla la producción y la distribución de la riqueza de un país, tendremos que admitir que nuestra escasa producción fué controlada, primero por la madre patria, España, y despues y hasta nuestros días, por los bancos y monopolios extranjeros.

En cuanto a nuestras riquezas, pues de ello sabran mas los susodichos banco y monopolios que son quienes se las han llevado, ya que nuestros pueblos jamas las han visto ni mucho menos disfrutado.

Lo que quiero decir es que Latinoamérica a pesar de ser la parte del mundo mas rica en recursos naturales, no ha sabido abrirse paso y colocarse en el lugar que lógicamente le correspondería de paises fuertes, ricos y poderosos de la tierra.

Porque cómo es posible que la América Latina, inmenso territorio de 21 millones de Km^2 sin incluir los cerca de 2.5 millones de Km^2 que los malos hijos de México le regalaron a los Estados Unidos de Norte America, tan rico en recursos naturales como dije antes, tanto en su suelo como subsuelo, siga viviendo en la miseria casi de los primeros tiempos?.

Porque eso es la America Latina, un conjunto de pueblos pobres, incapaces de bastarse asimismos, en donde todo tiene que ser importado porque no produce mas que lo que la misma tierra generosa y santa le brinda expontaneamente casi sin la intervención de la mano del hombre, como café, banano, frutas e infinidad de otros productos agrícolas los cuales no necesita mas que cortar y limpiar o empacar para su exportación.

Desgraciadamente ni eso hemos sabido hacer, ya que ha tenido que llegar el extranjero a hacerlo por nosotros quedandose con las ganancias por supuesto, ya que no iva a llegar a hacerlo de balde.

Si nos vamos por partes analizaremos un poco la Economía de Latinoamérica y veremos que ésta es demasiado debil y aún no ofrece mayor seguridad de estabilidad y prosperidad a sus pueblos.

Veamos los cuatro rubros principales en la economía de cualquier país: La Banca, el Comercio, la Industria; y la Agricultura.

La Banca: Se supone que los bancos en cualquier país tienen la finalidad de ayudar y facilitar con los medios a su disposición el normal desarrollo de las demas actividades económicas del pueblo; tan es así que por eso existen bancos ya sea de Comercio, de Industria o fomento Industrial o como quieran llamarlos y bancos Agrícolas o sea enfocados al desarrollo del sector agrícola del país, éstos pues, entre los mas relevantes, los que intervienen directamente y en gran proporción con la economía del país.

Cada banco, como es natural, tiene su sistema de operaciones, pero todos se concretan a lo siguiente que es en definitiva lo fundamental, conceder préstamos a corto y largo plazo a los tres sectores restantes o sea al Comercio, a la Industria y a la Agricultura en general; asimismo recibir los depósitos de éstos. En otras palabras, dar y recibir dinero a y de las demas ramas de la economía del pueblo; tan sencillo como eso, no necesitamos enredarnos en la una y mil variadas actividades de cada banco porque todo se reduce a eso, a dar y recibir dinero, en efectivo o en papeles, del pueblo.

Ademas los bancos complementan sus actividades con asesoría técnica y legal a sus tres clientes apuntados, ya sea de capacitación, de mercadeo, científica o tecnológica, etc.

Existe ademas una clase de bancos especiales que se encargan únicamente de los asuntos financieros del Estado por lo cual se les conoce ya sea como el Banco Central, Banco Nacional, etc. cada pais lo denomina a su manera. O sea pues que en resumen, los bancos se clasifican, como todos sabemos, en Bancos Privados y Bancos del Estado.

Bien; aclarado lo que debe ser la finalidad de un banco cualquiera en un país cualquiera, pasemos a la triste y amarga realidad en cuanto a dichas intituciones.

Hablando unicamente de la América Latina, diré que en nuestros paises no existen bancos demasiado fuertes, es decir con el capital suficiente para satisfacer todas las necesidades crediticias de los demas sectores de la economía, me refiero a bancos de propiedad puramente nacional, es decir de ciudadanos naturales del pais. De tal manera que se ven obligados los pueblos nuestros a permitir la instalación de bancos extranjeros que llegan con todo el respaldo de sus casas matrices en sus paises de origen, si es que este último se puede establecer.

Estos bancos llegan no unicamente con la sana intención de hacer las ganancias lógicas en cada país, sino que ya van con todas las malas intenciones de explotar al mismo en una forma criminal y abusiva poniendo en práctica todas sus malas artes que les son propias en sus propios paises.

De tal suerte que estos bancos llegan a imponer una verdadera "Bancocracia" en cada uno de nuestros paises que generosamente les abren sus puertas inocentemente, o a sabiendas en criminal connivencia con el gobierno en turno.

En cuanto llegan, mandan a la quiebra a unos cuantos sino a todos los pequeños bancos nacionales y seguidamente se adueñan de toda la actividad económica del país imponiendo una verdadera tiranía de tal suerte que nadie compra ni vende, ni fabrica nada sin su consentimiento.

Al mismo tiempo tenemos al flamante "Banco Central" o "Banco Nacional" que en realidad no trabaja mas que para sí mismo ya que amparado por las leyes liberales del país, goza de completa Autonomía en el ejercicio de sus actividades, de tal manera que el Estado, que se supone es a quien representa no puede enterarse exactamente de su situación financiera la que por lo general es favorable al banco todo el tiempo; el Estado siempre estará debiéndole al banco.

Por lo general, los verdaderos fundadores o dueños de estos Bancos Nacionales son extranjeros en connivencia con nacionales de origen extranjero y cuyos nombres no figuran en ninguna parte o sea que si por ejemplo quisieramos averiguar quienes forman el Directorio de dicho banco nos encontraríamos seguramente conque todos o casi todos son nacionales, legitimos hijos del país.

Lo que nunca averiguaríamos es que estos hijos del país, son tambien hijos de alguien mas... que sin ningun escrúpulo ni remordimiento de conciencia alguno se han prestado para que cupitales extranjeros se adueñen de nada menos que de la situación financiera del gobierno de cada uno de nuestros pueblos.

De tal suerte pues, tenemos que entre el llamado Banco Nacional y los demas bancos extranjeros establecidos en el país extorsionan a éste de una manera cruel y despiadada; asi que imajínese el lector lo que saldrá de esta tenebrosa conspiración de bancos a quienes le agregaremos el propio gobierno corrupto puesto que fué, seguramente, instalado por ellos mismos y no como el pobre pueblo cree cuando fué a depositar su voto el día de las elecciones, consecuencia natural de las mismas.

Agreguemos a este merengue, la participación de las poderosas compañías extranjeras que tambien tenemos que aceptar y soportar en nuestras tierras tales como compañías petroleras, bananeras, ferrocarrileras, de aviación, etc. etc.; el pobre pueblo queda completamente a merced de todos estos sinvergüenzas y encima de esto tiene que agradecerles y rogarles que permanezcan en el país para que le den trabajo aún cuando solo le paguen, digamos, cincuenta centavos de dólar la hora.

En resumen diré que toda la vida económica, política, social y cultural del país queda a merced de esta camarilla de explotadores extranjeros a quienes les importa un rábano la prosperidad, el bienestar y finalmente la felicidad del pueblo en donde operan ya que como aves de rapiña emprenden el vuelo cuando ya no tienen nada que robar, pues todo se lo han llevado. Ya volveran cuando el sufrido pueblo sacando fuerzas de flaqueza y sangrante aún de las heridas recibidas logre con sobrehumanos esfuerzos rehacer su quebrantada situación. Entonces digo, bajo nombres de infinidad de organismos de ayuda internacional, volveran dizque a socorrer al hermano país en desgracia, pero que en realidad no es mas que para comprobar si pudo haber quedado algo de valor que no se hayan llevado y así preparar el terreno para completar la obra.

EL COMERCIO

El Comercio en nuestros paises se desarrolla aún en forma deficiente y en pequeña escala. En realidad se comercia con artículos importados ya que es poco o nada lo que producimos aparte de algunas telas, artículos de barro y madera como en los tiempos de la colonia.

Tambien comerciamos con los productos agrícolas como en los primeros tiempos; como en todo país, se practica el comercio interior o local y el comercio exterior.

COMERCIO INTERIOR: Este comprende la compra y venta de nuestros propios productos como azucar, café, plátanos, especias, granos de toda clase, sal, ganado de toda especie, aves productos del mar, etc., muebles e inmuebles aparte de las toneladas de artículos que nos llegan del exterior.

Este comercio se ve entorpecido por los deficientes medios de comunicación y transporte ya sea aereo, terrestre o marítimo pues adolecemos de la falta de capitales y hombres de empresa para fundar compañías que se encarguen del transporte de ese comercio estableciendo lineas eficientes ya sea aereas, terrestres o marítimas. Las que existen operan en una forma lenta e irresponsable.

La mayoría de nuestros paises carecen de una eficiente red de carreteras con sus buenos puentes y equipo de mantenimiento asi como de puertos marítimos y aereos debidamente equipados para atender las necesidades del comerciante.

Lo mismo podría decir de la falta de buques y demas equipo de transporte marítimo ya que hay paises en donde el unico medio para comerciar con ciertos puntos en el interior del país es el río o lago por ser quizá muy difícil o muy costoso la construcción de una carretera o camino de salida debido a la naturaleza del terreno; de tal manera que dicho comercio se sigue haciendo a lomo de mula como hará unos 500 años.

En cuanto a nuestro comercio aereo, pues seran muy pocos los que lo tienen ya que eso requiere la inversión de mucho capital no solo para adquisición de las aereonaves y su personal sino tambien para la construcción de aereopuertos seguramente equipados y personal de mantenimiento.

En resumen, de que el comercio nacional interno necesita de todas estas facilidades para expandirse y florecer a proporciones apreciables pero al mismo tiempo nadie se atreve a abrir estos medios de transporte en vista del poco volumen del comercio local y no estan dispuestos a comprometerse con el banco para fundar empresas de transporte que no les darán mas que gastos de mantenimiento y depreciación de equipo mas pago de impuestos sin hacer mas que quizá uno o dos viajes por semana o quizá por mes.

Si a las razones apuntadas agregamos la ambición desmedida de los intermediarios que precisamente se aprovechan de ello para enriquecerse a expensas de la población, descubriremos uno de los principales motivos del encarecimiento de la vida en nuestros pueblos ya que si un producto cualquiera tiene que pasar por muchas manos para llegar al consumidor, éste tendrá que pagar todos los costos, impuestos y ganancias de los intermediarios, pues no es lo mismo que yo tenga un árbol de aguacates en el solar de mi casa allá en lo mas recóndito del interior del país y solo tenga que cortarlos y venderlos allí mismo a la puerta de mi casa, que tener que empacarlos lo mejor posible para que no se estropeen y llevarlos quién sabe por cuantos diferentes medios a venderlos a la población mas cercana o hasta la propia capital quizá.

Como es natural, tanto en el renglón comercial como en los demas que conforman la economía del país tenemos que contar con el problema bancario, pues como ya dije en su capítulo correspondiente, son éstos (los bancos) los que proporcionan el financiamiento para cualquiera de las actividades económicas del pueblo.

Desgraciadamente éstos se aprovechan de la situación exagerando las naturales precauciones que les son propias para facilitar cualquier cantidad al futuro comerciante dejándolo con muy estrecho margen de ganancia para la reinversión de su capital o para la expansión de su comercio.

Pero en definitiva y como digo al principio de este capítulo, el comercio en nuestros pueblos Latinoamericanos es en menor escala porque hay pocos productos nacionales para comerciar; producimos muy poco y todo se reduce a revender artículos importados tales como aparatos eléctricos para el hogar y para la oficina, vehículos, maquinaria industrial y agrícola fertilizantes y para colmo hasta ropa, zapatos y comida enlatada o en granos. Sinceramente es algo que da pena.

LA INDUSTRIA

De este renglón casi no tengo mucho que decir ya que casi no existe en Latinoamérica. No hemos en casi quinientos años que tenemos de existencia civilizada, esto es incluyendo toda la época colonial, desarrollado mas industria que la del calzado, telas, muebles, la cerámica y algunos otros rubros mas o menos importantes.

Aparte de esto, lo demas se reduce al montaje o ensamble de productos fabricados en el exterior que nos mandan en forma de rompecabeza para que jugemos armándolos y desarmándolos y presumamos despues de que estamos alcanzando la etapa Industrial puesto que ya se "fabrican" en el país televisores, aparatos de aire acondicionado, automóviles, plantas hidroeléctricas, tubería de hierro o de plástico, abrelatas, sacacorchos, etc.

No, No,.. sinceramente no tenemos disculpa, tenemos que reconocer de que nos hemos dormido en nuestros laureles, que nos hemos quedado muy rezagados al paso de la civilización; porque cómo es posible amigo que me lee, que Latinoamérica con casi quinientos años de existencia y los vecinos del Norte por ejemplo, los Estados Unidos anglosajones con solo unos doscientos años o digamos trescientos tomando tambien en cuenta su época colonial, hayan podido alcanzarnos y dejarnos tan atras en todo pareciendo de tal manera que ellos fueron los primeros en aparecer y establecerse en el continente americano, cuando fueron ellos los que llegaron nada menos que con mas de ciento cincuenta años de retrazo.

Esta gente, por ejemplo, llegó a estas tierras del norte prácticamente con una mano atrás y otra adelante, tuvieron que soportar y aclimatarse a los bruscos cambios de temperatura, vivir únicamente de la caza y la pezca como en los primeros tiempos de la humanidad, tuvieron además que endurecerse en cuerpo y alma para sobrevivir y empezaron a matar a cuanto Indio o natural de estas tierras, les salía al paso; porque éstos no hacían como los colonizadores Españoles que a nuestros Indios los bautizaban, les enseñaban a leer y escribir, a sembrar y a otras muchas y muy variadas actividades; no, que va!. Estos Europeos que llegaron al Norte decían que "el mejor Indio, era el Indio muerto", y los mataban como matar conejos aún cuando los pobres Indios se defendían como podían y cuando podían, hasta que acabaron con ellos, y si algunos quedaron, pues los tienen hasta la fecha viviendo en inmensos gethos que les llaman "Reservaciones" en pésimas condiciones y sufriendo la discriminación de que se les hace objeto. Todo esto despues de haber sido los amos y señores de estas vastas tierras del norte de América.

Pero volviendo al asunto que nos ocupa que es la Industria en Latinoamérica, decía que nos hemos quedado muy atrás. Esto, me atrevo yo a decir que se debe a nuestra falta de interés, a nuestra pobre capacidad de trabajo, a nuestra falta de inventiva, a nuestra idiosincracia de gentes mas amantes del ocio y la diversión que del trabajo creativo y productor, porque cómo es posible que siendo dueños de tierras tan inmensamente ricas en su suelo y subsuelo, asi como en sus mares como ya dije antes en otro capítulo; cómo es posible, repito, que no produzcamos nada; porque haciendo a un lado las dos o tres cajitas de fosforos que producimos, a comparación de todos esos paises altamente industrializados, nosotros no producimos absolutamente nada.

Solo comparemos la disponibilidad de materias primas de esos pueblos con las inmensas cantidades de que disponemos en Latinoamérica. Nosotros tenemos, maderas, minerales de toda clase, tierras fértiles que nos dan de comer en abundancia, bosques inmensos llenos de todo, caucho, plantas medicinales de infinitas especies; en fin sería la de nunca acabar si me pongo a enumerar cuanto tenemos en nuestra América Hispana.

La solución pues sería, cual? pues ponernos a trabajar en serio, poner manos a la obra como se dice; tomar esas materias primas que Dios puso en nuestro suelo y transformarlas en productos útiles; desde un alfiler hasta una estación interplanetaria; y qué! se sonrie el amable lector por lo que digo? es que acaso no es cierto que tenemos lo suficiente como para ser todo lo ricos y poderosos que querramos?.

Lo que sucede es que para conseguir ese grado de desarrollo tenemos que combinar los siguientes ingredientes: Trabajo, Estudio y amar mucho mas a nuestros pueblos, en otras palabras, lograr un alto grado de Nacionalismo. Lo demas llega por añadidura.

Ordenando mejor estas tres condiciones para el progreso de la América Latina, yo pondría en primer lugar el amar mucho mas a nuestros pueblos ya que así conseguiríamos un alto grado de nacionalismo, es decir de orgullo patrio.

Ese sería el primer motor que se hecharía a andar, eso nos daría la fuerza necesaria y poderosa para dedicarnos en una forma completa, casi fanática al estudio.

Por el estudio profundo de todas las ciencias y todas las artes llegaríamos a conocer a profundidad todo lo que tenemos y para qué sirve asi como la mejor forma de explotarlo.

Conoceriamos verdaderamente nuestras selvas, nuestros bosques y montañas, nuestros mares, lagos, ríos y cañadas; conoceríamos mejor hasta el aire que respiramos. Llegaríamos a saber cómo, conqué, porqué y para qué se explota una mina de cualquier mineral, o un bosque, un río, un lago o el mar que nos rodea.

No tendríamos porque llamar ni aceptar consejeros ni técnicos extranjeros, pues nosotros sabríamos mucho mas que ellos y sabríamos perfectamente lo que estamos haciendo o tenemos que hacer.

Mas bien, creo que sería a nosotros a los que solicitarían como consejeros y técnicos desde otras partes del mundo en vista de nuestra vasta experiencia en nuestros inmensos territorios.

Entonces sí podríamos decir que somos paises no solo industriales sino altamente industrializados ya que no habría cosa que no supieramos fabricar; entonces la cosa sería al revés, en lugar de ser nosotros los que digamos que tal o cual pieza o tal o cual máquina hay que pedirla a los Estados Unidos de Norte América o Europa, serían ellos los que dirían "hay que pedirla a Latinoamérica, ya que esa gente tiene de todo y hace de todo".

AGRICULTURA

La agricultura es para mí el renglón mas importante de la economía de cualquier país pues es la fuente, el origen, la base de la subsistencia del hombre, me refiero a la Agricultura en toda su extensión, es decir incluyendo sus demas ramificaciones como la Ganadería, la Apicultura, Horticultura etc. etc. todo lo relativo al campo; en resumen, a la explotación completa de la flora y la fauna.

Ningun país nació rico en dinero, es decir con sus arcas llenas de oro. Todos empezaron en iguales condiciones, es decir sin nada ya hecho o manufacturado, sin maquinaria de ninguna especie, sin conocimientos de la riqueza que tenian en su suelo, subsuelo y en sus mares.

Segun se fueron delimitando los paises, con sus fronteras, ya fuese esto señalado por un río, un lago o por una montaña quedaron asi cada quien con mayor o menor extensión territorial y los recursos naturales en ella contenidas.

Dicho de otro modo, hubo un tiempo en que no había paises ricos ni pobres, ni desarrollados ni subdesarrollados; cada uno con todo el trabajo por hacer; con sus climas buenos o malos. Como quien dice que en ese momento de la vida humana empezaba la gran lucha por la subsistencia que despues se convertiría en una lucha por el dominio del mundo, en la explotación del hombre por el hombre y ahora en nuestros días podemos apreciar con claridad quienes aprovecharon el tiempo y quienes se sentaron sencillamente a esperar a que vinieran otros a hacer el trabajo por ellos.

Pero volvamos a nuestro punto de partida y recordemos lo aprendido en aquella escuelita de nuestros primeros años. Recordaremos que el hombre empezó por buscar algo para cubrir su cuerpo y cuando tuvo hambre busco que comer, cuando tuvo sed, buscó a su alrededor y encontró el río que le dió de beber. Buscó acaso a los paises desarrollados para que le enviaran cajas y latas con comida? no, él lo busco y lo encontró en su propio suelo; empezó a cazar y pescar aún con sus propias manos al principio; cortó arboles para su techo y sus muebles; para calentarse de las frías temperaturas uso la leña o la grasa de animales como elementos combustibles.

Como no se trata aquí de dar clases de Historia Universal al culto lector, diré que lo anterior fué únicamente para hacer ver que aparentemente todo eso ha sido olvidado por los paises de Latinoamérica, ya que como comento en otro lugar de estos apuntes, a pesar de ser nuestra America Latina un conjunto de pueblos muy ricos en recursos naturales, no ha sabido explotarlos a su mejor beneficio sino muy por el contrario ha permitido, permite y seguirá permitiendo que el primer extranjero que llegue se aproveche a su sabor y antojo de ello.

Hay algo que realmente da pena, y es que con nuestros propios productos agrícolas como frutas, verduras, cereales, algodón y muchísimos mas nos explotan, ya que despues de comprarnos dichos productos a precios risibles, los procesan en el exterior y despues nos los venden a precios elevados ya transformados, digamos, en aceites, comida y jugos enlatados, telas, plásticos y cien mil cosas mas que nosotros deberíamos producir para nuestro consumo y exportación. Es algo pues, realmente ridículo.

Ultimamente las compañías extranjeras mejor se acomodan en nuestros propios paises, se rodean de todas las influencias gubernamentales y privadas, exigen todas las exenciones de tasas e impuestos de modo que estan mil veces mejor que en sus paises de origen; algo realmente vergonzozo para nosotros solo imajínese el lector: cuentan con toda la protección oficial y privada, no pagan tasas, arbitrios o impuestos de ninguna clase; disponen de toda la materia prima que puedan necesitar y regalada, asimismo toda la mano de obra barata que necesiten y para acabar de rematar nuestra humillación nos venden el producto hecho en nuestra tierra a precio de Importación. Cuando hacen sus exportaciones esas divisas jamas entran al país pues se quedan en sus cuentas bancarias fuera del país.

Todo esto lo disculpan estas compañías conque llegan a dar trabajo a la gente del país, cuando ni siguiera pagan salarios decentes. Además, del mismo cuero salen las correas.

En cuanto el país les quiere empezar a cobrar algun tipo de tributación, pegan el grito al cielo protestando y terminan yendose a explotar a otro pueblo.

De manera pues, que lo que he querido aclarar al referirme a los cuatro puntos básicos de la economía de Latinoamérica en los capitulos anteriores es lo siguiente:

Que la América Latina es un conjunto de pueblos hermanos con posibilidades y recursos mas que suficientes para vivir en la abundancia y ser felíz.

Que lo único que tiene que hacer es lo dicho: 1°) que seamos mas nacionalístas o sea que amemos verdaderamente a nuestros pueblos, que no busquemos nuestro progreso en otra parte, que no esperemos que el extranjero va a venir a resolvernos nuestros problemas como a un niño al que hay que dar el alimento en la boca y gratuitamente; que comprendamos de una vez y para siempre, que la solución la tenemos o está en nosotros mismos.

2°) Que hagamos del estudio una obsesión, que sea nuestra primera y mas grande obligación instruirnos en todas las ramas del saber humano.

Que sea de primordial importancia desde que empezamos a hacer uso de razón la aplicación al estudio, a la investigación, a la experimentación. Que sea extrictamente castigada por la ley en nuestros pueblos la falta de estudio en una persona.

No me dejara mentir el amable lector hispanoamericano, cuando digo que es sinceramente vergonzozo que cada vez que por casualidad encontramos algun par de huesos raros o algun monolito, o bien cualquier rareza en nuestras tierras, corremos a llamar a científicos y pseudocientíficos extranjeros que ni siquiera saben en que parte del mundo estamos situados para que vengan y decifren el misterio por nosotros, los que a veces para ocultar su ignorancia pero seguros de que somos mas ignorantes que ellos, nos hacen creer la primera estupidéz que se les ocurre; y lo peor del asunto es que dejamos que saquen del país tales reliquias, las cuales en caso de que reclamemos su devolución, nos las regresan falcificadas o alteradas, de lo cual ni cuenta nos damos; hasta que llega otro científico extranjero y nos lo hace notar como diciéndonos "Indios brutos, los engañaron"; y

3º) Que nos dediquemos al trabajo concienzudo no solo para nuestra superación personal sino también pensando en que el país necesita de nuestros brazos, de nuestra fuerza, de nuestra inteligencia para la superación y dignidad nacional.

Entonces sí podríamos gritar al mundo con orgullo, que somos pueblos plenamente desarrollados. No toleraríamos imposiciones de nadie en nuestra política ni en nuestra economía. Nos reiríamos de todas las inflaciones y recesiones económicas que se inventan los usureros internacionales para engañar y robar a los pueblos de la tierra.

Seríamos nosotros, los pueblos Latinoamericanos quienes inclinaríamos la balanza en el mercado mundial puesto que nuestros productos andarían por todo el mundo y nuestra moneda sería fuerte en todas partes, aún mas que el dólar Norteamericano actual.

EDUCACION

La educación, en toda la extensión de la palabra, considero yo que es el elemento principal para la superación general y por ende para la consecusión de la verdadera independencia y libertad de un pueblo.

Es completamente imposible que un pueblo ignorante pueda superar el estado de miseria, de degradación moral, de insalubridad y de esclavitud en todo sentido, de sí mismo y de los demas pueblos.

Desgraciadamente este es el caso de la mayoría de los pueblos del mundo y en alto porcentaje de la America Latina, aún cuando nos creamos muy cultos y muy estudiados.

La América Latina padece de un alto porcentaje de analfabetismo que fluctúa entre el 40 al 60 por ciento dependiendo el país, claro esta.

En nuestros pueblos es urgente una legislación educativa mas enérgica, mas nacionalista con miras a erradicar de una vez y para siempre el analfabetismo y elevar el nivel cultural del país al máximo.

Esto solo puede conseguirse haciendo obligatoria no solo la educación primaria, sino tambien la secundaria y Universitaria o en su defecto, el estudio y preparación en las diferentes artes y oficios.

Por ejemplo, el individuo deberá obligatoriamente cursar la educación primaria y secundaria quedando posteriormente en libertad de escoger entre una preparación universitaria o un arte u oficio cualquiera, el que mas le agrade, pero en ningun caso podrá quedarse sin terminar una carrera universitaria o un arte u oficio despues de su educación secundaria.

En cuanto a lo ultimo podrá el individuo alternarlo, es decir, podrá terminar el estudio de un arte u oficio primero y posteriormente cursar los estudios secundarios, pero en ningun caso omitirá ninguno de los dos.

Si después de superada esta etapa de su preparación, es su deseo proseguir estudios universitarios, estará en plena libertad de hacerlo.

En cuanto al estudio de las artes u oficios, éstos deberan ser llevados al mas alto grado posible de capacitación del individuo.

Naturalmente que en una sociedad como esta en que el estudio es de primera importancia, es el Estado quien deberá asumir la mayor parte de la responsabilidad económica, abriendo centros de enseñanza y de capacitación hasta en el último rincón del país brindando todas las facilidades al individuo para su aplicación al estudio sin perjuicio de permitir al mismo tiempo la apertura de establecimientos privados los que cumpliran extrictamente con las regulaciones oficiales de educación y no permitiendo jamas que en lugar de centros de enseñanza sean establecimientos comerciales como lo son en la actualidad que les importa muy poco la preparación académica del educando media vez éste esté al día en el pago de sus cuotas y demas sangrías que se inventa el colegio.

El estado prestará especial atención a los estudios de investigación en todas las ramas del saber humano aprovechando, en beneficio del país, todos los descubrimientos obtenidos por sus estudiosos proporcionando a éstos todas las facilidades para el desarrollo y experimentación de dichos descubrimientos.

Para evitar pérdidas de tiempo con estudios equivocados por parte del estudiante, cada centro educativo tendrá un departamento de evaluación que hará una extricta apreciación de las aptitudes del alumno para una acertada orientación académica.

Quisiera clasificar la Educación del país en tres grandes ramas. Estas serían: La educación académica propiamente que incluye las artes y las ciencias. Siguiendo con la Educación Deportiva y por último con la Educación Cívica.

EDUCACION DEPORTIVA: Para la educación deportiva se aplicaran las mismas disposiciones que para la preparación académica.

Será obligatoria la práctica del deporte desde la infancia. Los elementos que vayan sobresaliendo como futuros profesionales serán entrenados concienzudamente para representar al país con todas las perspectivas al triunfo.

Es obvio que el individuo estará en completa libertad de dedicarse a su deporte preferido ya que esto es lo mas natural. La obligatoricdad estará no en dedicarse a tal o cual deporte, sino a hacer deporte no importa en que rama.

Con esta dedicación de nuestras juventudes al deporte obligatorio se estará logrando jovenes completamente sanos y fuertes de cuerpo y alma ya que el deporte es sinónimo de amistad, de compañerísmo.

Será obligatorio porque es la mejor manera para encausar al individuo a dedicarse a ello; de lo contrario, ya sea por pereza o por indiferencia aducirá una y mil razones para no hacerlo aún cuando comprenda lo útil y beneficioso que el deporte representa.

Precisamente por el poco interés que le hemos manifestado al deporte en nuestros paises, por la poca protección que tiene de nuestras autoridades causando gran desilución en nuestras juventudes, es que es muy poco por no decir casi nada, lo que nuestros pueblos sobresalen deportivamente, es mas, están concientes de su incapacidad deportiva y como que sc acomplejan delante de selecciones extranjeras. Es por ello que es muy raro que consigamos siquiera un tercer o cuarto lugar. Nos conformamos con medallas de cobre o de bronce.

Aun en el balonpié o "Football" como le llamamos popularmente, y que es el deporte que mas nos gusta, que sinceramente nos apasiona, nos cuesta mucho sobresalir. Cuando nos enfrentamos a paises europeos por ejemplo, entramos a la cancha ya con la convicción que es el europeo quien tiene que ganar, es algo que sin darnos cuenta lo damos por descontado. Nos pasamos la vida gastando grandes sumas de dinero pagando Entrenadores Técnicos extranjeros demostrando así nuetra incapacidad y aún mas, acostumbramos reforzar nuestros equipos con elementos del exterior confiando en que ellos nos ayudaran a ganar.

EDUCACION CIVICA: Este estudio será de primordial importancia en toda la vida estudiantil del individuo.

La deficiente educación cívica en cada uno de nuestros pueblos es la causa principal de la lamentable situación en que se debate actualmente la América Latina.

No se ha sabido inculcar desde la infancia en el ciudadano el nacionalismo puro y pujante que debe de ser parte del carácter de cada uno.

En todos nuestros pueblos se prefiere siempre lo extranjero, lo nacional queda siempre para ultimo. Nos acordamos que somos hijos de tal o cual país de nuestra América por lo general solo en la celebración de nuestras fechas patrias, cuando escuchamos nuestra música fuera del país, o vemos nuestra bandera en alguna embajada, o cuando vemos algun producto de nuestro país; pero todo esto solo cuando estamos lejos de nuestra patria. Cuando estamos dentro vivimos protestando y maldiciendo y suspirando por el extranjero en donde segun nosotros está la fortuna el porvenir, las oportunidades, porque en nuestro país no hay nada, nada sirve, nada vale la pena, etc, etc.

Somos pueblos que siempre nos hemos avergonzado de lo que somos, de cómo somos, de lo que tenemos y hasta de lo que no tenemos, sin hacer absolutamente nada por mejorarnos en todo sentido.

Nos disculpamos ante nosotros mismos hechandole la culpa a los tiempos que corren, a la situación mundial; a esto o aquello, pero nunca a nosotros mismos admitiendo nuestro pobre nacionalismo; de lo poco que hacemos por nuestro país alegando siempre que porque no contamos con los adelantos científicos y con los sofisticados equipos de toda clase conque cuenta el exterior, sin preguntarnos nunca cómo esos otros pueblos del exterior obtubieron ese adelanto y esas máquinas y equipos que les ayudan a trabajar y ser felices.

Ya lo dije antes tanto en el capítulo relativo a la Industria como al de la Agricultura; en cada uno de nuestros pueblos hay que inducir al individuo desde que empieza a hacer uso de razón, al estudio casi fanático de todas las ciencias y todas las artes; y principalmente de su propio país.

Hacer que el ciudadano llegue a conocer como la palma de su mano cada rincón de su patria, cada río, lago, montaña o volcan. Que conozaca el suelo y subsuelo, la flora y la fauna y hasta el aire que respira en su país.

Que aprenda a amarlo que sepa que es suyo propio, legítimamente suyo y que de él, unicamente de él depende conservarlo y hacerlo próspero, fuerte y digno o perderlo para siempre a manos de otros pueblos mas amantes de lo suyo; mas trabajadores, mas emprendedores, mas dedicados al estudio o quizá a manos de sinvergüenzas usureros internacionales, de aves de rapiña que viven al acecho precisamente de pueblos que no se quieren asimismos puesto que se dedican al ocio, a la diversión y los vicios.

Pueblos que viven siempre de dádivas del exterior hipotecando diariamente el patrimonio que sus antepasados les dejaron no tienen mas destino que la esclavitud.

Cualquiera sabe que el que no estudia permanece en las tinieblas de la ignorancia y es fácil presa del que sabe y aprende cada día.

Bien apunta el dicho popular que El que no sabe es como el que no ve; y Cristo, nuestro Señor, dijo: "Si el ciego guía al ciego, ambos caerán en el hoyo".

DEFENSA NACIONAL

En la mayoría de los paises, sus leyes rezan mas o menos lo siguiente: "El Ejercito es la institución destinada a mantener la independencia, la soberanía y el honor de la Nación. La integridad de su territorio y la paz de la República".

Tambien dicen: "El Ejercito es apolítico y no deliberante; su organización es jerárquica y se basa en los principios de diciplina y obediencia".

En otras palabras digo yo, el Ejercito es el policía que vela por nuestra seguridad. Es el perro guardian que vigila y cuida de nuestra casa que es nuestro país.

Desafortunadamente los malos elementos que manejan la política del país; esos mal nacidos que desgraciadamente siempre existen en cualquier pueblo y que no luchan por mas intereses que por los propios personales, o de los amos dentro o fuera del país a quienes sirven, engañados naturalmente por ilusorias promesas de fama, fortuna y poder que en la mayoría de los casos jamas cumplen ya que los tales amos despues, al darse por bien servidos, se deshacen de ellos de cualquier manera para que no molesten con sus reclamos y amenazas de abrir la boca pues bien lo dice el refrán que "así paga el diablo a quien bien le sirve".

Pero decía que desgraciadamente siempre existen esos malos hijos del país que por cierto en la mayoría de los casos no son muy legítimos que digamos, que abusan precisamente de esto de que el Ejercito es apolítico y no deliberante; asi como de su diciplina y obediencia.

De esto la historia está llena de ejemplos en todos los pueblos que han adoptado sistemas Democráticos y Republicanos; claro ejemplo de esto lo encontramos durante la Revolución Francesa en que la Asamblea Nacional tenía sus delegados y espías en los campos de batalla azuzando, y vigilando amenazando a los generales y demás Jefes y oficiales del Ejercito de la Revolución.

De tal manera que se servían del ejercito a su antojo para cometer toda clase de crimenes, masacres espantosas, en nombre de la Revolución y.. Ay! de aquel general que se opusiese, ya que inmediatamente era denunciado ante la famosa Asamblea Nacional, dado de baja, llamado a comparecer y enviado a la guillotina sin mayores oportunidades de defensa.

Los políticos sinvergüenzas y traidores a los intereses de la nación, esgrimiendo precisamente tales enunciados constitucionales abusan del Ejercito usandolo para sus malévolos fines de traición o de injusta represión a los pueblos; y encima de ello cuando éstos reclaman, estos malnacidos son los primeros en acusar a las fuerzas armadas, acusándolas de abuso de autoridad, de la fuerza de que dispone y aún mas, sus amos dentro o fuera del país, dueños de la prensa mundial, hacen tremendo escándalo internacional; de modo que todo el país se asusta y avergüenza de lo que no es culpable terminando el asunto por ejemplo, en que el flamante Congreso Nacional forma inmediatamente una comisión dizque investigadora del caso.

Son llamados a comparecer ante el Congreso desde el Ministro de la Defensa Nacional hasta el Cocinero del cuartel mas humilde del país y todo para terminar en lo mismo; en que el Ejercito es el culpable de lo sucedido; procediendose en consecuencia, a la destitución del Ministro de la Defensa o del Jefe de las Fuerzas Armadas y de todos aquellos Jefes y Oficiales que desde antes les estorbaban, amén de refundir en la carcel y aún de fusilar a los pobres policías o soldados que no hicieron mas que cumplir órdenes que no se imajinan siquiera en donde se originaron y mucho menos con qué fín se las encomendaron.

Claro; tampoco voy a ocultar el hecho de que lamentablemente dentro de las filas de nuestros ejercitos abundan los malos elementos que carentes de escrupulos, deshonestos y ambiciosos tratan de actuar por su cuenta o se prestan o se venden a los enemigos del país para atentar contra el orden establecido y cometen toda clase de barbaridades en contra de su propio pueblo.

O sea que actuando de este modo, estos sujetos desprestigian, deshonran y enlodan, no solo asimismos, sino tambien a la institución armada que representan ayudando asi a los que procuran el mal para el país y al desprestigio de la institución dando pié así para que el ciudadano comun y corriente hable pestes y hasta odie al Ejercito, de su país, retirándole todo su apoyo, respeto y colaboración; y quien pierde en definitiva? pues el pais entero.

Entonces cuál sería la solución a este problema?; yo opinaría así: que como en toda situación, hay que irnos a la raíz del asunto, a sus orígenes y proceder con todo el sentido común. O sea, despues de analizar la situación del Ejercito, establecer sus problemas, sus condiciones de trabajo, sus deficiencias, sus flaquezas, sus puntos débiles; clasificar cada uno de estos puntos y establecer las causas, motivos, razón y circunstancias que les dan origen y así proceder en consecuencia.

Por ejemplo, con el permiso del amable lector, yo razonaría de esta forma elemental, simple: Qué es el Ejercito?. Para que sirve?, es necesario un Ejercito o no? cómo debe formarse un Ejercito; cuántos y como deben estar distribuidos sus miembros; que tan fuerte debe ser el Ejercito; y lo mas importante; qué clase de elementos deben constituir el Ejercito.

Esto último me parece que es lo mas importante, sí, la clase de individuos que deban integrar el Ejercito; su calidad moral y religión; su educación, su estado físico claro está, así como su grado de nacionalísmo; es decir establecer hasta donde llega su concepción de los valores cívicos.

Es tambien de primordial importancia establecer su grado de ciudadanía, es decir investigar qué tan profundas son sus raices como hijo del país.

Me refiero con esto al caso de que bien puede ser un elemento nacionalizado, o hijo de uno o de ambos padres extranjeros nacido en territorio nacional, etc. Cualquiera de esos casos en que en resumidas cuentas el sujeto no puede ser considerado como legítimo hijo del país y por lo tanto jamás debe ser aceptado dentro de las filas del ejercito.

Ahora bien; supongamos que todos y cada uno de los miembros de la institución armada sean cien por ciento, hasta su cuarta o quinta generación digamos, hijos del país; el estado deberá poner mucho celo en su preparación intelectual, moral y religiosa; no menciono física porque eso es obvio.

Lo que quiero decir es que cada soldado o policía deberá contar por lo menos, con una educación secundaria para formar filas.

El estado pondrá especial empeño en despertar en el joven soldado o policía un amor entrañable por su patria, por sus simbolos patrios y por todo lo mas sagrado que el país posea.

Inculcar en el joven soldado un nacionalísmo consiente intenso; hacerle saber que tanto él como el ciudadano civil pertenecen al mismo pueblo y que ambos tienen los mismos derechos y obligaciones, aunque él como soldado tiene que a portar un poquito mas de esfuerzo ya que para eso se le ha dado una instrucción especial y se le ha puesto una arma en la mano, cosas que no posee el ciudadano civil.

El soldado deberá estar consiente que él está para protejer la vida y los bienes de su hermano, el ciudadano de la calle, que él es el encargado de velar por la seguridad de éste; de velar por el orden establecido sin abusar jamás de las ventajas que le da su posición de militar.

Todo lo anterior quizá haga sonreir al amable lector y hasta pueda le parezca infantil o ridículo. Pero déjeme decirle que precisamente todo ese desprestigio que sufren los ejercitos especialmente de nuestros pueblos de Latinoamérica todos esos abusos de autoridad, traiciones, sublevaciones, crimenes, etc, etc. se deben precisamente a la calidad moral intelectual, religiosa, etc. de los elementos que forman un ejercito.

Lo anterior es muy fácil de comprender, si tomamos en consideración algo tan lógico, tan sencillo como que no es lo mismo tratar con un patán, un salvaje que con una persona educada y de principios, que tiene orgullo y dignidad.

Solo imaginemos por un instante una situación cualquiera en que tengamos que tratar con un soldado o con un miembro de la policía en los dos casos apuntados, es decir por un lado, con un soldado o policía analfabeta, maleducado, quizá hasta vicioso; por el otro lado, con un elemento aunque enérgico, cortéz, educado y amable.

Cuando digo, un soldado o un policía, me refiero a cualquier miembro de tales intituciones, desde el mas alto hasta el mas bajo en su rango.

En resumidas cuentas, lo que quiero decir es que a mi no me parece una idea irrealizable o cosa del otro mundo que nuestros pueblos en Latinoamérica cuenten con un Ejercito modelo, decoroso, con elementos sumamente valiosos, respetuosos y respetados; valientes y corteses.

Con elementos que además de conocer todo lo concerniente al arte de la guerra y todo lo inherente a su vocación militar, tambien posean los conocimientos generales de las ciencias y las artes ya que esto los acerca y capacita para alternar con toda normalidad con el resto de la sociedad, aboliendo por completo el mal concepto que la sociedad tiene actualmente de que un soldado es un bruto, un salvaje, un ignorante con quien no se puede tratar puesto que lo único que sabe es mandar, maltratar y matar gente.

Asi pues que cuando encabezo este capítulo "Defensa Nacional" no era mi intención porsupuesto, discutir la defensa propiamente de la nación estableciendo estrategias militares y demas planes de ataque o contraataque, no soy militar ni ha sido mi idea exponer aquí un tratado de guerra.

Además no creo que sea necesario extenderme a tanto, ya que según yo, lo fundamental para salvaguardar la integridad territorial del país y velar por el honor de la patria es lo que he expuesto con respecto a la delicada selección y preparación de los elementos que componen el Ejercito en todas sus ramas, divisiones y subdivisiones en cualquiera de nuestros paises. Eso es lo básico, lo mas importante, que cada soldado sea realmente una persona digna, decidida y rabiosamente dispuesto a defender a su patria hasta la ultima gota de su sangre en los campos de batalla, y en la calle, todo un caballero, culto, cortéz y educado.

Con esta clase de elementos tan bien preparados terminaríamos para siempre con esa triste costumbre de vivir importando Técnicos y Estrategas militares de otros paises. Se supone que cada pueblo forma sus propios medios de defensa, creando sus propios planes de ataque los cuales pone a prueba cuando le llega la hora de defenderse. Según como le vaya en estas pruebas contras otros pueblos que han querido mancillar su honor o violar su integridad territorial, así tambien irá haciendo las modificaciones necesarias en sus cuerpos de defensa.

Se supone tambien que la forma en que a creado su Ejercito, sus planes de ataque o defensa, la distribución de sus tropas, en fin todos sus cuadros militares es asunto puramente privado, secreto de cada país; nunca se sabe contra quién habrá que haberselas; por lo tanto es ridículo y tonto que permitamos que otros pueblos vengan a enterarse de como funcionan nuestros medios de defensa; ellos con toda seguridad que no permitirán que nosotros vayamos a enterarnos de sus secretos militares, asi pues que porqué ponernos en sus manos cuando ni siquiera sabemos si el día de mañana tendremos que ajustar cuentas con ellos.

Si realmente creemos que necesitamos fortalecer mas los conocimientos en general o en ciertos aspectos de nuestros ejercitos, pues lo que creo yo mas recomendable, es escoger el país que nosotros creamos mas adelantado militarmente que el nuestro y buscar la manera de aprender los métodos, tácticas o sistemas que nos interese de ellos ya sea esto a traves de sus libros o tratados que ellos hayan publicado o bien yendo, es decir, enviando nuestros soldados a estudiar a sus escuelas militares mediante algun tratado con nuestro país.

Esto es cosa muy distinta a importar toda clase de Instructores militares que vengan a infiltrarse en nuestro Ejercito a convivir con nosotros y a modificar parcialmente o quizá totalmente nuestras estructuras militares de tal manera que cuando se van llevan una idea exacta de como está formado nuestro Ejercito y hasta donde puede llegar nuestra fuerza ofensiva o defensiva, claro, si ellos mismos se encargaron de ello.

Es posible que nunca tengamos que pelear contra ellos, pero sí quizá contra algun otro país amigo o hermano de ellos o simplemente en contra de algun otro país al cual ellos tengan

interes en defender; y entonces qué pasará con nosotros? no es
de esperarse acaso que el enemigo está ya bien informado de
todo lo referente a nuestro Ejercito?.

Otro aspecto importante al cual debí referirme cuando
hablé de la cuidadosa selección de los elementos que formarán
el Ejercito Nacional, es una mala costumbre que tenemos en
la mayoría de nuestros pueblos Latinoaméricanos y es que se
busca para formar las filas militares únicamente a miembros de
las clases mas humildes de la sociedad.

A estos humildes ciudadanos, simplemente se les detiene
en la calle o cualquier lugar en donde se les encuentre y se
les lleva al primer cuartel y ya quedan incorporados al ejercito
nacional para un termino de servicio de dos o tres años sin
importar su formación intelectual o moral, la mayoría apenas
leen y escriben. Son elementos completamente negativos
que no tienen ninguna preparación académica ni principios
de ninguna clase. Al terminar su servicio no saben mas que
lo poco que aprendieron en el ejercito que si son personas
inclinadas al bien, pues dichos conocimientos les ayudaran a
encausar su vida civil por un buen camino, pero qué pensar
de los inclinados al mal? pues nada mas ni nada menos que
el ejercito habrá creado un serio problema para la sociedad ya
que estos individuos ya saben manejar las armas, así como las
tácticas ofensivas que aprendieron durante su servicio militar
lo cual les facilita su vida de crimenes tanto para atacar al
pacífico ciudadano como para defenderse de la fuerza pública.

Y así como se acostumbra reclutar unicamente a esta clase
de ciudadanos, igualmente se acostumbra a no hacerlo con
jovenes de familias acomodadas o hijos o parientes de altos
funcionarios gubernamentales.

A qué se debe esto? pues precisamente lo segundo es
consecuencia de lo primero. En otras palabras, los jovenes de
buenas familias, digámoslo así, aún cuando sientan amor a su
patria y consideren como un sagrado deber entrar a formar filas
en las distintas armas del Ejercito Nacional, no se atreven,
no quieren arriesgarse a cargar tambien con el desprestigio,
con el desprecio, con el rechazo que la sociedad hace objeto
al Ejercito, tradicionalmente. No quieren que sus amigos se
burlen de ellos al verlos de uniforme, de que la gente en la

calle les silve y rechifle con insultos o muecas de disgusto, pues todo esto desgraciadamente se acostumbra en nuestros paises.

Por otro lado, estos jóvenes estudiosos, de buenas costumbres y modales y hasta de buena apariencia, sienten pánico de solo pensar que se verán codo a codo dentro del cuartel con gente humilde, de pésimas costumbres y torcidos sentimientos traídos de todos los puntos del país; por todas estas razones es que nuestros ejercitos adolecen de la falta de valiosos elementos.

Por todo lo expuesto, considero yo muy valiosa la delicada selección y todo lo apuntado anteriormente con respecto a los elementos que formaran parte de nuestros ejercitos Latinoaméricanos.

SALUD PUBLICA Y ASISTENCIA SOCIAL

Hay un dicho popular que dice "Pobre, pero aseado". Lo que nos indica que un pueblo no necesita estar nadando en la abundancia para ser limpio y ordenado.

No se necesita ser médico o científico para saber que la salud de un pueblo es lo mismo que la salud de todos y cada uno de sus habitantes puesto que estos son los que lo forman, y que ésta, la salud, depende en gran parte del grado de limpieza en que se viva y de las medidas sanitarias que se adopten.

Con que las leyes y disposiciones sanitarias sean acertadas y prácticas ademas de la colaboración de los ciudadanos es suficiente para que un país viva limpio y sano.

Sería largo de enumerar las causas de la mala salud de un pueblo; pero como todo lo demás, depende de él mismo, vivir sano y saludable o postrado siempre por las enfermedades.

Se sabe de pueblos que sufren elevados índices de mortalidad anualmente, especialmente infantil. Cuando no es una peste es otra. Porqué? porque aparte de los fenómenos naturales como terremotos, huracanes, maremotos, erupciones volcánicas o simples deslizamientos de tierra, o salidas de madre de los ríos, a la gente no se le enseña, o no quiere aprender a vivir con limpieza.

Tomemos un pueblo cualquiera de nuestra América Latina y veremos basureros en cualquier parte y a veces hasta en el centro de la población.

Falta de drenajes, depósitos de agua estancada, barrios enteros abandonados llenos de basura y alimañas de toda clase. Otros barrios que no estan abandonados, por el contrario, estan superpoblados y sin las mas elementales medidas de higiene y salubridad.

También hay que tomar en cuenta el crecido índice de prostitución por ejemplo, y lo que es peor sin ningun control sanitario; sabido es que la prostitución es un mal necesario pero por lo mismo, necesita una reglamentación rigurosa.

Muy fácil de recordar es por ejemplo, a los políticos cuando en sus campañas electorales resulta de que estan muy bien enterados y muy concientes de las necesidades y deficiencias sanitarias de la población y muy seriamente prometen, dispensarios municipales, hospitales debidamente equipados, campañas permanentes de erradicación de todas las epidemias que azotan al pueblo proponiendo brigadas sanitarias para combatir todas las enfermedades conocidas y por conocer.

Señalan con gran exactitud los focos infecciosos en el país y la manera de combatirlos; prometen ademas al pueblo que al nomás tomar posesión de sus cargos impartirán las órdenes correspondientes para que al pueblo se le instale agua potable, etc. etc.

Quién no sabe lo que prometen estos flamantes personajes, con deciros que cuando prometen construir puentes a diestra y siniestra y si por ejemplo alguien les hace notar que en tal o cual parte no hay río, ellos aseguran que tambien pondrán el tal río y construirán el dichoso puente.

Naturalmente que no se trata solo de "soplar y hacer botellas" pero para eso existen en el país personas capacitadas, decididas y con la mejor voluntad por poner en práctica todos sus conocimientos y todo su sentido común para planificar y llevar a cabo todo un plan de trabajo de saneamiento de las zonas afectadas, así como dictar medidas de prevención y mantener una campaña o sistema permanente de salubridad.

Otro aspecto muy importante es la creación de programas de investigación y capacitación del personal necesario para trabajar en este amplio programa de salud.

Cosa maravillosa sería por ejemplo, que tal o cual país o que todos los pueblos de América Latina se caracterizaran entre otras cosas, también por su envidiable salud, por ser pueblos sumamente limpios, aseados, pulcros. Que se dijera de nosotros que desde niños conocemos y practicamos medidas de higiene, tanto personalmente como en forma colectiva; que somos pueblos que practican mucho el deporte en todas sus ramas, que tienen el hábito por ejemplo, de hacerse un chequeo médico una o dos veces al año; ver al dentista, etc.

Es claro que tienen que haber erogaciones presupuestales, pero lo mas importante estriba en una campaña insistente por todos los medios disponibles reforzada por leyes efectivas y estrictas.

En cuanto a la asistencia social; en todos nuestros paises de Latinoamérica existen infinidad de programas de ayuda pública. Desgraciadamente no son mas que salidas de dinero oficial, desagües interminables e inútiles de los dineros del pueblo que solo mantienen una burocracia irresponsable e inescrupulosa a quien lo que menos le importa es llevar alivio a quienes estan obligados a socorrer y para quienes precisamente se han creado dichos programas.

Además de la irresponsabilidad en cuanto a la administración de los programas de asistencia social, tenemos que tomar en cuenta que no sirven mas que para enriquecer a políticos inescrupulosos que valiéndose de una y mil argucias y contando por supuesto con la colaboración de comerciantes de su misma calaña, abusan de los dineros que se les han confiado para que el estado pueda cumplir con sus programas de asistencia social.

Dichos programas varían de un país a otro; entre los mas conocidos podríamos citar por ejemplo:

El Seguro Social
De Bienestar Público
Guarderías Infantiles
Asilos de Ancianos
Asistencia médica en general
Cupones para alimentos; y
Asistencia por incapacidad física o mental para trabajar temporal o permanente.

Ultimamente conforme se han ido degenerando mas nuestros pueblos, pues se han creado tambien Centros de Desintoxicación y de Reabilitación para Alcohólicos, Drogaadíctos, Enfermos mentales, Centros de refugio para gente sin hogar, Centros de prevención y tratamiento para gente víctimas de violación sexual, etc, es interminable la lista de centros y programas de asistencia social que en los ultimos tiempos se han creado creyendo que con ello se solucionaran todas estas aberraciones de los pueblos.

Son programas con nombres muy bonitos y que señalan obras de gran contenido humano, pero que segun yo, jamas llenan su cometido social no siendo mas que eternos despilfarros de fondos públicos que no sirven mas que para fomentar la vagancia y los mismos vicios que dizque combaten entre la población.

Para mí, todos estos programas, mejor dicho, la mayoría de ellos no son mas que parte de la trampa en que se hace caer a los pueblos no solo para robarles sino mas que todo para pervertirlos, para prostituirlos porque si se emitieran e hicieran respetar buenas leyes bien intencionadas pero sumamente extrictas en cuanto a la profilaxia social, no habría necesidad de tantas agencias y centros de esto y de lo otro.

No voy yo aquí a negar que en todos los pueblos han existido, existen y existirán enfermos, indigentes, y locos pero cuando estos problemas sociales sobrepasan los límites de lo normal o comummente aceptable, no creo yo, sinceramente hablando, que sea asunto de solucionarlo con agencias o centros de asistencia social sino con buscar y descubrir las causas de dichos problemas y combatirlos con toda la fuerza de leyes enérgicas y justas.

POLITICA EXTERIOR

RELACIONES EXTERIORES

COMERCIO EXTERIOR

RELACIONES EXTERIORES

Qué son las relaciones exteriores? pues eso…las relaciones con el exterior, la comunicación en cualquiera forma y por cualquier medio con los demas pueblos de la tierra.

Por lo general, cuando pienso o hablo de un país, de un pueblo cualquiera, lo comparo con su elemento principal, con un hogar cualquiera, con una familia común y corriente compuesta de varios miembros de todas las edades y de los dos sexos.

En este caso por ejemplo, comparo al país con esa familia en que sus miembros ademas de su comunicación diaria entre sí, tambien se comunican con sus vecinos y aún con otras familias lejanas; pues lo mismo sucede con cualquier pueblo que además de su intercambio social doméstico tambien necesita relacionarse con los pueblos vecinos y aun con los mas lejanos de la tierra por una y mil razones.

Desgraciadamente estas relaciones no siempre pueden ser cordiales y amistosas, guiadas unicamente por el buen deseo de ayudarnos unos a otros. Es exactamente lo mismo que sucede dentro de una familia o aún con una persona en lo individual, en que desgraciadamente no solo se tienen amigos sino tambien enemigos o simplemente personas a quien no tuvimos la suerte de simpatizarles por cuarenta mil motivos; vaya Ud. a saber!.

Asi pues, un país se ve en la necesidad de establecer relaciones de toda índole con los demas pueblos de la tierra las razones son infinitas; yo diría que por el simple hecho de existir puesto que todos habitamos el mismo planeta que ademas es redondo y aún mas...da vueltas!; o sea que por muy arriba que nos creamos tambien nos toca bajar para que otro suba. De tal suerte que entre mejor nos entendamos unos con otros mejor viviremos cada quien en su casa.

Desafortunadamente este razonamiento anterior, que es tan sencillo y comprensible para cualquier niño de escuela, como que no lo es para la mayoría de los gobernantes y políticos de los pueblos del mundo, ya que aún cuando nos encontramos en el umbral del siglo XXI, las relaciones internacionales de los pueblos de la tierra estan peor que nunca.

En los tiempos actuales no hay país en este mundo que pueda presumir de paz y tranquilidad. Parece haber alquien muy interesado en que todo marche mal; en que los pueblos no lleguen a entenderse y por ende a comprenderse nunca.

Es como si ese alguien tomara muy en serio el popular refrán de que "en río revuelto, ganancia de pescadores" o sino, aquella máxima muy efectiva por cierto de "Divide y Vencerás".

Al parecer es alguien muy conciente del serio peligro que correrían sus intereses o quizá su existencia misma si los pueblos de la tierra llegaran a comprenderse, a respetarse y a quererse como hermanos. Si de comun acuerdo, por ejemplo, destruyeran efectivamente todas las armas que poseen y en lugar de adorar el poder del oro adoraran a Dios.

Me parece que ese alguien, tiembla de pánico si eso llegase a suceder y por eso no descansa ni un minuto, ni un segundo en atormentarnos con toda clase de vicios y doctrinas.

Su mayor preocupación es mantener la mente de los pueblos en un estado de semi-inconciencia, con el cerebro lleno de humo a modo de que no razonen, de que no vean con claridad, de manera que entiendan una cosa por otra; de suerte que cuando les digan Libertad, Liberación, Progreso Económico, Derechos Humanos, Amnistía Internacional, Civilización Moderna, Liberación Femenina, Libre expresión del pensamiento, Libertad de cultos, Recuperación económica, Renegociación de la deuda externa, etc. etc. los pueblos entiendan: Libertinaje, Ateísmo, Aborto, Traición, Delación, Derroche, Endeudamiento interior y exterior, Homosexualismo, Drogaadicción y Crímen.

Refiriéndome a la América Latina, que es el objetivo principal de estos apuntes; yo me pregunto qué clase de relaciones tenemos entre nuestros pueblos?. Aparentemente muy amistosas, muy fraternales; al menos eso se les oye decir a los respectivos Representantes cada vez que hablan ya sea en las Naciones Unidas, en la Organización de Estados Americanos o simplemente cuando visitan nuestros paises.

Cuando escuchamos a estos señores Embajadores, Cónsules Agregados militares, etc. parecen estar muy concientes de lo que dicen cuando exponen de que los pueblos Latinoamericanos somos uno solo, que estamos unidos por una sola raza, por una sola lengua, por una sola religión, por tener los mismos problemas y aspiraciones, por tener todos una misma madre patria y por tener todos la misma edad como pueblos civizados, etc.

O sea pues, que al escucharlos uno se emociona de tal manera que hasta siente deseos de llorar y casi da por seguro que ya, pero ya mismo, en cualquier momento desaparecerán todas las fronteras, pasaportes, Embajadas y Consulados; que al tañir de una campana saldremos todos a la calle desbordantes de júbilo y emoción a abrazarnos con nuestros hermanos de los otros pueblos empezando de allí en adelante a transitar por toda nuestra América ya sin preocuparnos en qué país andamos y si alguien nos preguntara contestariamos que estamos sencillamente en nuestro país, en nuestra casa y que de allí no nos saca nadie; qué importa si nacimos en la Argentina o en México, en Colombia o en Guatemala; eso ya no tendría ninguna importancia.

Desgraciadamente todo esto solo existe en los discursos que se pronuncian en los banquetes, en los festejos en las ceremonias de toma de posesión presidencial a las que acuden todos los Representantes de los pueblos hermanos en las que se engañan unos a otros haciendose toda clase de promesas a sabiendas que no las podran cumplir; no las podremos cumplir porque bien sabemos de que hay fuerzas muy superiores a nosotros que nos separan y que no nos dejan vivir como hermanos.

Cómo es posible digo yo, lleno de indignación y rabia, que sin ir muy lejos en el tiempo; hará cosa de unos cuatro años en que el pueblo Argentino con todos los derechos de Dios y de la misma naturalcza sobre el archipiélago de las Malvinas de una extensión de casi doce mil kilómetros cuadrados allá por Tierra de Fuego, cuando quizo rescatarlo de los Ingleses, no hubo un solo país hermano de Latinoamérica que le ayudara materialmente, es decir enviandole tropas, armas, barcos y aviones o lo que pudieran; porque en buenas intenciones, palabras de aliento y manifestaciones de apoyo, discursos, etc. pues sí lo hicieron algunos, faltaba mas!.

Cuando en el año 1,967 Honduras y El Salvador, su vecino y hermano de Centro América se fueron a las manos o mejor dicho a las armas, tampoco se metió ninguno de los hermanos países a evitar el derramamiento de sangre fraterna, aunque claro, en este caso el pleito era entre hermanos y hay veces que hay que dejar a los hermanos a que se agarren entre sí "para que se hagan hombres" como se dice en nuestros pueblos, pero siempre y cuando las cosas no pasen de castaño a oscuro o intervengan paises extraños.

Pero el caso es que los demas gobiernos (no los pueblos) del area no pensaron así, sino obedeciendo consignas extrañas seguramente, no intervinieron o trataron de evitar el conflicto. Hicieron lo que hacen siempre, corren a reunirse de emergencia, dizque a tratar la situación, pláticas por aquí pláticas por allá, un día en México otro día en el Japón, pasan dos o tres años; los otros terminan de pelear, se hacen amigos y estos otros aún siguen platicando, a todo esto ya se han reunido en todos los paises del mundo.

Ahora mismo en nuestros dias, allí mismo en Centro América, en la provincia de Nicaragüa, qué es lo que sucede?. Este pobre pueblo hermano, se debate entre la vida y la muerte; se defiende como gato panza arriba del Comunismo marxista que trata de asentar sus reales alli y tomar de una vez por todas y para siempre el control absoluto de nuestros pueblos Latinoamericanos, adueñandose de todo lo que tenemos y manejando nuestros destinos a su sabor y antojo terminando asi definitivamente con nuestro sueños de paz y felicidad.

Ahora pregunto yo, dónde estan alli las Relaciones Internacionales, qué clase de relaciones son esas que tenemos entre nosotros mismos que vemos que ideologías extrañas a todos nosotros y que sabemos cuales son y lo que persiguen y no hacemos absolutamente nada para ayudar a ese pueblo; cómo es posible que seamos tan cobardes o inconcientes que no querramos intervenir en un asunto que nos toca tan de cerca y que en un futuro inmediato nos afectará tambien directo y en la cabeza?.

Nos pasamos la vida entera gritando que somos pueblos amantes de la libertad y de la paz, que no aceptamos ideologías extrañas a nuestros principios democráticos y a nuestra religión y ahora que esas ideologías extrañas tratan de apoderarse de uno de nuestros hermanos nos quedamos tan tranquilos y volteamos la cara como que el asunto no es con nosotros solo porque no fue a nuestro país directamente a quien se dirigió el ataque.

Aún mas, no solo no ayudamos a nuestro país hermano Nicaragüa, sino que lo traicionamos haciendolo o ayudándole a hacer el juego al enemigo comun cuando decididamente apoyamos payasadas descaradas como el grupo Contadora formado por Venezuela, Panamá, México y Colombia que tienen mas de tres años en reuniones por aquí y por allá, porque yo creo que ya solo les queda por ir a platicar a la luna dizque arreglando y evitando un derramamiento de sangre en Centro América.

Como seguramente a los demás les remordió la conciencia pero siempre cuidando de no inmiscuirse en el asunto pues no se les ocurrió algo mas brillante que lavarse las manos formando otro grupo de "apoyo a Contadora" y ya de este modo cubiertos, pues ya pueden observar tranquilamente como el

Comunismo ateo se devora al pueblo hermano nicaragüense mientras les llega el turno a todos y cada uno de los demas, cuando tampoco habrá nadie que les ayude.

De todos los pueblos del mundo es conocido el estrecho vínculo que une a los pueblos de Centro América. Son vínculos tan estrechos que lo lógico, lo natural, lo normal sería que la felicidad o la desgracia de uno fuera la de los demás, por lo menos que así lo sintieran todos; pero que pasa... viven como que estuvieran a un millón de kilómetros uno del otro totalmente indiferentes a la suerte de cada quien; porque ni siquiera por su seguridad individual intervienen, ni siquiera por aquello de que "cuando veas la barba de tu vecino rapar, pon la tuya a remojar".

En otras palabras, es muy poco lo que hemos progresado en nuestras relaciones, sinceramente no es aún tanta la distancia que nos separa de aquellas tribus pre-colombinas de Anáhuac que a pesar de habitar el mismo territorio vivían separadas por siglos de cultura; sin entenderse y sin importarles a unos la suerte de los otros; completamente indiferentes al tiempo y al espacio, a la vida misma.

En resumen de cuentas y por todo lo expuesto a lo largo de toda esta triste charla con el lector y partiendo de la situación ya expuesta en que viven nuestros pueblos Latinoamericanos, pregunto: qué clase de Relaciones Exteriores podemos tener con el resto del mundo, especialmente con los llamados paises desarrollados o aún con esos llamados potencias mundiales? pues si seguimos como hasta ahora, seguiran siendo relaciones entre esclavo y señor o de patrono y empleado para decirlo mas suave; o mas suave aún, entre pariente pobre y pariente rico, pero nunca de igual a igual, de potencia a potencia por mas comités, grupos de esto o de lo otro, Liga de esto o de aquello, que inventemos; siempre estaremos en posición de desventaja.

COMERCIO EXTERIOR

El comercio exterior de América Latina es algo que da pena y vergüenza.

En realidad yo no le llamaría a eso Comercio, ya que un acto de comercio, o sea para que una operación comercial sea perfecta o normal tiene que ser a satisfacción de ambas partes: el comprador y el vendedor.

El vendedor queda satisfecho porque logró colocar su producto al precio deseado o en las condiciones que le satisfacen, de tal suerte que considera que ha obtenido una utilidad en la transacción, que ha efectuado un buen negocio.

Por el lado del comprador, por lo consiguiente; éste considera haber obtenido el artículo necesitado al precio justo o en las condiciones fáciles de satisfacer, por lo que tambien considera que ha ganado en la operación.

Ahora pregunto yo; es así como comercia la América Latina con el resto del mundo?, quedamos saltando de alegría cada vez que vendemos una penca de plátanos o de bananas o bien un saco de café al exterior?; recibimos el justo precio por nuestros productos?; no, que va! amigo lector Ud. y yo sabemos como lo sabe el mundo entero de que no es así.

La América Latina siempre opera en desventaja, ni siguera tenemos la libertad de fijar y sostener los precios que queremos cobrar por nuestros productos. A nosotros se nos fijan esos precios desde el exterior; si nos parece, bueno; y si no, pues nos quedamos sin vender.

Pero esto no es todo, no señor; porque despues de que hemos vendido o mal vendido diría yo, tenemos que aceptar la forma y condiciones que al comprador le convengan pagar porque si despues de vender se nos entregara el importe de la venta "contante y sonante", pues al menos sería un consuelo, pero resulta que cada vez que vendemos, en lugar de dinero, que serían divisas para el país, nos dan a cambio maquinaria vehículos, buques, etc. que ni siquiera es nuevo, aunque por tal nos lo dan, solo porque lo reparan y lo pintan de tal modo que luzca bien.

Tambien nos dan medicinas, fertilizantes, abonos y una infinidad de productos eléctricos y en fín, todo lo que nosotros no producimos, que desgraciadamente es casi todo, al precio que a ellos les plazca porque, claro, en sus precios si que no podemos intervenir nosotros.

Encima de todo esto, tenemos que pagar de nuestro bolsillo la instalación de dicha maquinaria o lo que sea, en nuestros paises así como todos los gastos relativos a los técnicos como pasajes de ida y vuelta, su estadía en el país en los mejores hoteles por supuesto, y todo lo que a ellos se les antoje; y por último, si es necesario, el entrenamiento y capacitación a nuestra gente que quedará encargada de operar dichas máquinas, naves o lo que sea.

En definitiva, si recibimos algun dinero despues de todo ese trueque "forcivoluntario", debemos sentirnos contentos y gritar a los cuatro vientos y a todo pulmon que nuestra balanza comercial con el exterior nos es favorable.

Eso si, nuestros productos tienen que ser de primerísima calidad, de lo contrario no se nos aceptan: café, banano, henequén, bálsamo, frijól, cereales, azucar, sal, petróleo, pescado, etc, etc. De tal modo que nosotros nos quedamos consumiendo los productos nuestros de segunda, tercera o cuarta clase y hasta el bagazo, mientras que el producto de primera se va al exterior para que nos lo paguen al precio del bagazo.

Eso señores, es lo que llamamos en Latinoamérica "Comercio Exterior". Pero despues de todo qué podemos exigir, si siempre estamos en deuda con el exterior; una deuda galopante que en lugar de disminuir aumenta; aumenta de tal forma que a duras penas podemos pagar los intereses y ultimamente ya ni eso.

No hace muchos dias (Agosto-86) México recibió un préstamo del Japón de mil millones de dólares porque no tiene para pagar los intereses a sus acreedores bancarios en el exterior; qué tal?. Esos mil millones tambien empezaran a ganar intereses, y cómo pagará los intereses del mes siguiente? y cuándo podrá hacer abonos al capital?.

Esta es nuestra amarga relidad en la América Latina. Tan es esto una triste y vergonzosa realidad que hasta hablan muy alegremente y sin ningun pudor, de formar un CLUB DE DEUDORES!. Cómo pues podríamos comerciar de igual a igual en estas condiciones.

RELIGION

La religión oficial de la América Latina es la Católica Apostólica y Romana, todavía, a Dios gracias.

Digo todavía porque ultimamente y asi como vamos, hasta eso estamos a punto de perder; lo mas grande, lo mas sagrado de nuestra existencia, nuestra religión Católica; con ello estará completa la obra de destrucción de nuestros enemigos que ya controlan nuestra política y nuestra economía.

Los pueblos Latinoamericanos heredamos la religión Católica de la madre patria España desde el mismísimo instante en que las primeras naves Españolas al mando de Cristobal Colón besaron nuestras playas Americanas.

Yo no le llamo "Conquista" a la venida del Español a nuestras tierras. Por cientos de años se nos ha hecho creer que las huestes Españolas llegaron a nuestros pueblos con todas las malas intenciones de un pirata Inglés por ejemplo.

Naturalmente que tenía que haber violencia, era nada mas y nada menos que el choque de dos mundos distintos completamente, de dos razas, de dos culturas diametralmente opuestas.

Yo, repito, no le llamo "Conquista" propiamente sino "Liberación", porque veamos la situación real y palpable de la época desapasionadamente; seamos mas realistas y aceptemos que en nuestros pueblos Americanos a la llegada del Español no existían ya las grandes y fabulosas civilizaciones pre-colombinas que nos han hecho creer que España destruyó.

Cuando los Españoles llegaron a nuestras tierras ya esas grandes civilizaciones de que solo tenemos nociones y que en su mayor parte permanecen en el misterio, habían desaparecido; apenas se notaba ya el mesterioso declinar de los pueblos Mayas por las regiones de Yucatán y Guatemala, las que durante el antiguo Imperio y gran parte del nuevo imperio florecieron en gran manera habiendo alcanzado grandes adelantos en la arquitectura como podemos apreciar en el sur de México y toda Centroamérica asi como en la escritura geroglífica y en los estudios cronológicos. En cuanto a sus adelantos arquitectónicos con mucho pesar tengo que decir que no estoy muy convencido de que estos colosales monumentos y edificios asi como esas enormes piedras una sobre otra, gigantescos rostros humanos y de animales todo por lo general con asombrosa relación con el universo sea obra de estas civilizaciones Americanas asi como tampoco de las demas obras existentes en el resto del mundo como en Egipto, Escocia, Isla de Pascua, etc.

Pero volviendo al tema, diré que los Españoles no encontraron en nuestra América mas que pueblos dispersos o mas o menos organizados como los Aztecas que eran mas que todo pueblos guerreros pero que realmente no constituían una cultura por sí sola.

Eran pueblos que vivían esclavizados unos por otros, dedicados casi exclusivamente al aspecto religioso adorando Dioses de toda clase y a quienes ofrecían miles de víctimas humanas, seres inocentes, en sacrificio haciendo correr verdaderos ríos de sangre en la celebración de sus festividades.

Aún mas, habían pueblos antropófagos ya que acostumbraban a comer los cuerpos de las víctimas en algunos de los infinitos sacrificios religiosos. Seguramente el lector habrá leído alguna vez que aun poco antes de la llegada de los Españoles, los Aztecas por ejemplo, los dieciocho meses en que dividían el año efectuaban verdaderas carnicerías no superadas quizá ni por la Revolución Francesa, ya que en un solo día, de sol a sol, inmolaban a miles y miles de doncellas, niños y jovenes varones. Los Dioses Aztecas eran implacables e insaciables devoradores de víctimas.

Al tiempo en que el Español llegó a nuestras tierras, nos cuenta el Soldado-Historiador Bernal Díaz del Castillo que muchos de sus compañeros caidos prisioneros fueron sacrificados y devorados por los Aztecas. En resumen, los ejercitos Españoles no encontraron mas que Señores y Esclavos. Pueblos en estado semi-salvaje que se explotaban, se esclavizaban, se mataban y se comían unos a otros. El Español no vino pues a interrumpir ninguna civilización floreciente y sumamente desarrollada como siempre nos han querido hacer creer para fomentar nuestro odio hacia España.

Precisamente por ese estado de cosas es que a los ejercítos Españoles se les facilitó la victoria ante los furiosos y formidables ejercitos indios, porque los mismos pueblos esclavizados se unian y colaboraban con Cortéz, Alvardo o Pizarro, porqué? pues muy sencillo, Mínima de malis, (de los males los menores). Despues de los primeros encuentros en que fueron vencidos por los Españoles aprendieron que éstos no comían gente ni practicaban sacrificios sangrientos y que encima de esto, los trataban, en lo que cabe, con mayor benevolencia o mejor dicho con menor crueldad que sus propios "hermanos" de raza y claro, si tenían que escoger, pues fácil es suponer cual les convenía mas. Así pues, se sintieron como liberados por fín de esa agonía espantosa en que vivían sin saber si al día siguiente alguien de la familia sería llevado al sacrificio.

Además todos sabemos que con los ejercitos Españoles llegaron tambien sacerdotes como capellanes que velaban por el buen trato y por la conversión del indigena a la fé cristiana y que de inmediato procedieron al bautizmo y confirmación de todos los pueblos que encontraban, sembrando cruces y erigiendo templos por todas partes y catequizando a todos los nuevos cristianos ganando pues así un mundo entero para la Iglesia de Dios.

Fué asi pues que nos fué legada una fé maravillosa en un solo Dios verdadero, único y eterno.

Los que fomentan nuestro odio hacia España nos dicen que ésta esclavizó nuestros pueblos, pero éstos lo estaban ya por su propia ignorancia y fanatísmo religioso en Dioses de toda clase.

También nos dicen que España nos arrebató todo el oro y la plata que teníamos, asi como que llevaba todos nuestros productos, y yo digo: y qué si España se llevó cuanto quiso; yo como hijo de estas tierras americanas se lo ofrezco gustoso por habernos dado a cambio el idioma mas bello del mundo y la única religión verdadera y eterna, mi religión cristiana, Católica, Apostólica y Romana.

Los enemigos de Latinoamérica, nacionales y extranjeros nos quiere hacer creer todo el tiempo que nuestro mas grande impedimento para salir adelante es nuestra religión católica, aducen que ésta nos sirve de lastre por nuestro apego a nuestras tradiciones religiosas, por el respeto, amor y temor a Dios. O sea que según ellos debemos despojarnos de todo eso que ellos llaman "supercherías", mitos y "creencias ridículas" y fijarnos mas en lo que hacen los demas pueblos que se dicen mas adelantados e imitarlos en todo ya que éstos han progresado porque no se dejan atar por sentimentalismos religiosos.

Lo que no nos dicen esos sabios es que precisamente esos pueblos que se dicen altamente desarrollados han prosperado no precisamente por haberse despojado de su fé religiosa sino todo lo contrario por haberla tenido en alto grado y precisamente conjugando su fé y su trabajo han logrado superarse y llegar a su alto grado de desarrollo y que precisamente es ahora cuando les ha sido arrebatada su fé, su amor y su temor a Dios que se ven rodeados de vicios, de crimen, de ignorancia y ambición desmedida de bienes materiales y de placeres insospechados por generaciones anteriores estando por consiguiente en estado de completa desintegración social lo que en tiempo relativamente corto hechará por tierra todos los esfuerzos y sanas aspiraciones de aquellas generaciones que con su mente sana y su fé puesta en Dios lucharon duramente y lograron salir adelante.

La religión Católica en nuestros pueblos jamás será un impedimento para nuestro progreso, todo lo contrario; si no la tuvieramos estaríamos peor de lo que estamos.

Precisamente porque nuestros enemigos se dan cuenta de que mientras practiquemos la fé Católica jamás podran vencernos es que tienen nuestros pueblos saturados de leyes liberales que protejen entre otro montón de estupideces, la "libertad de cultos" y como somos tan crédulos le hemos permitido la entrada al país a toda clase de charlatanes que se hacen llamar "Ministros de Dios", "Reverendos", "Hermano de tal o cual", etc.

Igualmente hemos permitido la importación de pseudoreligiones de toda clase, Ordenes de esto o de aquello, Hermandades de toda clase que llegan a nuestros paises exclusivamente a hacerle la guerra a nuestra Iglesia Católica.

Empiezan a llamar la atención por todos los medios conocidos y por conocer de difusión, porque eso sí, cuentan con una fuerza económica tremenda, aunque cuando les conviene también aparentan carencia de fondos.

La cosa es que llegan con bombos y platillos como cualquier partido político y empiezan a hacer campaña aparentando ayudar a medio mundo fundando colegios para todas las edades regalando becas de estudio, regalando cajas con alimentos y ropa, habriendo dispensarios médicos y un sinfín de cosas que el diablo les aconseja y que a la larga pues les hace ganar un montón de adeptos a los cuales les hacen un completo lavado de cerebro resultando despues éstos mas Papístas que el Papa.

A todo esto jamás nos llegamos a enterar qué relaciones puedan tener con los movimientos guerrilleros, con grupos terroristas, con movimientos de narco traficantes, etc. con campañas pornográficas y toda clase de medios de desintegración social.

Cuál es el resultado de todo esto? pues exactamente lo que estos charlatanes buscaban, la escisión de la grey Católica y por tanto el debilitamiento, segun ellos, de la Iglesia Católica.

Pero no contentos con todas estas campañas entre la población, estos movimientos pseudoreligiosos en su odio a nuestra religión, se las ingenian (y esto es a nivel mundial) para introducir elementos disociadores dentro de la misma Iglesia y que luego empiezan a actuar sospechosamente revelandose en contra de la mísma.

Se les conoce fácilmente por su participación en escándalos de toda índole, principalmente en movimientos políticos actuando de alcahuetes como "corre, ve y dile" entre secuestradores y secuestrados, entre el gobierno y terrorístas;

apadrinando teorías pseudocientíficas y criticando a la misma Iglesia a quien se supone que representan y obedecen, como cometiendo materialmente delitos contra las leyes y contra natura y de los cuales nos enteramos cuando leemos o escuchamos en los noticieros; por ejemplo: "Sacerdote acusado de violar niños en tal o cual parte", o sino "Sacerdote se suicida al verse descubierto en practicas homosexuales", o bien "Representante de la Iglesia Católica encabeza manifestación de huelga laboral" y cuarenta mil casos que oimos todos los días.

Y qué termina pensando el creyente común y corriente? pues sencillamente la cabeza le da vueltas y se pregunta cien mil cosas; que cómo, que porqué, que de cuando a esta parte la Iglesia se mete en esto o en aquello; o bien porqué la Iglesia hace esto o lo otro.

Despues de soportar tanta insolencia de parte de la Iglesia, segun él, termina desepcionándose completamente y lamentando el grado de degeneración al cual, según él, ha caido la Iglesia Católica de sus padres y todos sus mayores, yendo a "refugiarse" a cualquiera de las otras que le parecen mas serias y que por cierto hace bastante tiempo que andan detras de él tratándo de ganárselo.

Hoy en día la Iglesia Católica en Latinoamerica y en todo el mundo por supuesto, tiene ante sí a un verdadero ejercito de religiones que le tienen declarada una guerra a muerte. Tiene varios frentes enemigos que atender, pues ademas de ese ejercito de falsas religiones, tambien tiene que sufrir insultos o calumnias de los mismos gobiernos corruptos que tenemos, que obedeciendo órdenes de sus amos, mandan saquear y quemar Iglesias, o le cortan la ayuda gubernamental; practicas nada nuevas por cierto.

Desde los tiempos de nuestras independencias se viene atropeyando a la Iglesia Católica en mil formas y maneras. En todos nuestros pueblos y en diferentes épocas se han asesinado sacerdotes y monjas; se han saqueado los tesoros de la Iglesia, se han confiscado sus propiedades, se ha blasfemado publicamente y se han profanado sus altares; el lector mismo recordará algún caso en cualquier parte.

A todos estos infelices se les olvida que la Iglesia Católica es la verdadera, la única, la universal (Katholikos= Universal) y que ademas fué fundada por el mismísimo Jesucristo cuando mandó al mismo San Pedro a fundarla a Roma; es la Iglesia original. "Sobre esta piedra edificaré mi Iglesia, y las puertas del infierno no prevaleceran contra ella", palabras de Cristo a Pedro, por las cuales su santa Iglesia no ha podido ser destruida en sus dos mil años de existencia ni lo será jamás; y eso que sus enemigos le declararon la guerra desde el mismo instante en que nació.

Para mí que la principal fuente de confusión y de la cual se aprovechan las tantas falsas religiones que luchan en contra de la religión Católica está en la Biblia misma, es decir en el libro que contiene el antiguo y el nuevo testamento.

El asunto es muy sencillo, si por ejemplo la Iglesia Católica separara oficialmente el nuevo testamento que es la vida, pasión y muerte de nuestro Señor Jesucristo del libro que conocemos como biblia, el mundo cristiano atendería únicamente esta parte, que en resumidas cuentas, es la que nos interesa como cristianos.

Según yo pienso, el mundo cristiano no tiene porque tomar en consideración como parte de nuestra religión el llamado "viejo testamento". Que me disculpen los sabios de la religión pero yo, en mi humilde modo de pensar, soy terminante en este punto. Yo sostengo que el "viejo testamento" no es mas ni menos que la historia del pueblo de Israél y el pueblo de Israél no tiene flauta que soplar en cuanto al mundo cristiano se refiere aunque así lo parezca.

Lo que sucede es que a los apóstoles San Mateo, San Marcos, San Juan y San Lucas se les habrá ocurrido que lo mas cómodo era agregar a lo ya escrito y conocido antes de Cristo sus respectivas versiones del Evangelio, sin imajinar siquiera la espantosa confusión que ocacionarían al mundo cristiano a menos que los mismos judíos lo hayan hecho precisamente y posteriormente para tal efecto; aunque lo mas probable es que los primeros Jerarcas de la Iglesia Cristiana lo hayan recopilado todo en un solo libro sin preveer las consecuencias que esto acarrearía a la religión cristiana.

Porque precisamente por ello es que estamos metidos en este embrollo porque cada quien toma lo que le parece del viejo y del nuevo testamento enredandose en discuciones inútiles y hasta en sangrientas guerras de las cuales los únicos ganadores son los enemigos de nuestra religión ya que se van creando divisiones irreconciliables cada vez mas grandes y la Iglesia que en un tiempo fué una sola, Católica, Apostólica y Romana se va dividiendo en miles de pseudoreligiones que no hacen mas que confundir a los pueblos de la tierra empujándolos por fin a la indiferencia religiosa, al ateísmo y de allí al desenfreno total del individuo, que era la meta deseada.

Qué tiene que ver por ejemplo Abraham, Moises, Jacob, Elías, Ezequiél y ochenta mil sabios, profetas o Patriarcas judíos con nuestra religión cristiana?.

Para mí, absolutamente nada!; la tremenda confusión para el mundo cristiano es que Cristo, nuestro Señor, decidió o se le ocurrió nacer en Israél; pero pudo haber escogido nacer entre otras gentes, sí o nó?, digamos en la China o en la Cochinchina, o quizá en elgún lugar de lo que ahora llamamos América despues de todo el mundo y el universo entero es suyo, El lo hizo y no tenía porqué pedirle permiso a nadie para venir a tal o cual país.

Ahora bien; que El haya escogido ir a nacer entre los judíos no es precisamente para que nosotros tengamos que cargar con la historia y la religión de Israél.

Tanto el lugar donde El nació como los lugares que visitó y donde murió deben ser adorados y tenidos por lugares sagrados por nosotros los cristianos, unicamente por eso precisamente, porque El estuvo allí, única y exclusivamente por ello, pero nada mas.

Por ejemplo, si nos preguntamos porqué precisamente el Señor decidió nacer entre judíos, tendríamos que recordar aquello de que los designios de Dios son inescrutables, o que Dios escribe recto en renglones torcidos, bueno pues entonces tendríamos que averiguar si porque El consideró a esa gente la mas buena o la mas mala de la tierra, sí o nó?. Porqué por ejemplo el Señor le ordenó a San Pedro fundar su Iglesia precisamente en Roma?. El lector tiene la palabra.

Otro aspecto del asunto y que da lugar a una confusión terrible es el hecho de que Su padre y Su madre en este mundo hayan sido judíos. Esto es algo tan sencillo y tan lógico que yo no sé porqué la gente se confunde y sostiene tremendas discusiones. Veamos por ejemplo: En qué otra forma podía o debía el Señor venir a este mundo?, a mi me parece mejor en la forma en que vino, la humana; y si tenía que venir en forma humana pues lo lógico es que siguiera las mismas reglas impuestas por Dios Padre a toda la humanidad, nacer de mujer.

Así que escogió la pareja mas conveniente o mas agradable a sus ojos, José y María, a quienes nosotros los Cristianos adoramos y veneramos precisamente por eso y no por su raza y religión, posición económica o política, nada de eso; unicamente porque sirvieron a los designios de Dios Padre todopoderoso para que Su Hijo bienamado pudiera entrar en este mundo en una forma normal y ostentara una personalidad.

Revisé los evangelios de cabo a rabo y por ninguna parte encontré que el Señor llamara alguna vez siquiera Madre a María o Padre a José; a la una llamó siempre "Mujer" y al otro pues quién sabe!. Según vemos en los Evangelios El siempre habló de "Mi Padre; las cosas de mi padre; la casa de mi padre; el reino de mi padre, etc."

Naturalmente que lo anterior no quita que según nuestra santa religión Católica nosotros reconozcamos como nuestra santísima madre a la virgen María puesto que el Señor así lo dispuso cuando como tal se la encomendó a su amado discípulo Juan al pié de la cruz.

Lo expuesto anteriormente pues, no es mas que para deducir de que aparte de ese vínculo muy lógico y natural entre Cristo y gentes de este mundo, no podemos atribuirle a El lazos de sangre o raza alguna con el lugar en donde haya nacido es decir, si nos ponemos en nuestro lugar de creyentes en Jesucristo como Dios verdadero tenemos forzosamente que reconocer que Dios no puede tener raza ni color y que al mismo tiempo, como Dios que es, no podemos atribuirle preferencias por tal o cual raza o tipo de gentes. El es Dios y es Dios para todos, así como el sol alumbra para todos sin preferencias porque entonces si Cristo hubiese nacido entre los Chinos, éstos se considerarían los preferidos y dirían que El es Chino, lo mismo si hubiese nacido en la India o en cualquier otro punto de la tierra.

Eso queda solo para nosotros los seres humanos que nos atribuimos razas y nacionalidades según nuestra procedencia. Pero entonces que sucede entre nosotros mismos? pues que unos dicen que Cristo era judío porque nació entre esa gente, otros dicen que no; unos aceptamos a la Santísima Virgen María y a San José, otros nó; unos aceptamos a los Santos Apóstoles venerando sus imájenes y otros nó.

Porqué todo este enredo? porque a los no Católicos por ejemplo les remachan todos los días, por ejemplo, la religión hebrea que tiene por Dios a Jehová quien ordenó a Moisés en el monte Sión "No te haras imagen ni ninguna semejanza de cosa que esté arriba en el cielo, ni abajo en la tierra, ni en las aguas debajo de la tierra"; pero eso va para los hebreos con Moisés y con Jehová.

Nosotros somos Cristianos y como dijo Cristo "El que tenga oidos para oir, oiga" porque nosotros no estamos substituyendo a Dios por nuestras imájenes, y los que piensan así francamente tienen la mente atrofiada.

Quién no tiene por ejemplo una fotografía de sus padres de sus hermanos, de su esposo o esposa o de sus hijos y demas seres muy queridos en su casa, en su sala de estar, o en su dormitorio y aún en su billetera?; o quién no guarda algún recuerdo de estos mismos seres queridos? es malo eso acaso?, no hablan con ellos por ejemplo en sus momentos de aflicción o de alegría? eso no significa que esten dejando a Dios por un lado.

Lo que sucede es que desde tiempos remotos en diferentes partes del mundo y en especial en Grecia y en Roma se acostumbró siempre a erigir estatuas y toda clase de monumentos a algo o a alguien como hasta nuestros días.

Las familias pudientes por ejemplo, tenían sus casas o palacios llenos de imájenes de los mismos miembros de la familia aún estando éstos con vida puesto que no esperaban que muriera alguien para erigirle una estatua. El tiempo ha pasado y la costumbre nos fué legada por lo que la Iglesia Católica desde aquellos tiempos acostumbra a honrar la memoria tanto de los primeros apóstoles de nuestro Señor, del Señor mismo, de la Santísima Virgen María, del Señor San José y de todos aquellos que en una u otra forma han contribuido en algo a cimentar nuestra fé.

De tal suerte que si creemos lo apuntado en los Santos Evangelios que el mismo Jesus les dió potestad a Sus Apóstoles para actuar en su nombre, qué pues tiene de malo que nos avoquemos a ellos para que intercedan por nosotros ante Dios nuestro Señor?.

Es algo tan natural como un Rey o un Presidente que delega en sus ministros facultades para que le ayuden a cumplir con sus obligaciones para con su pueblo, no se enojará cuando éste o aquel se allegue a uno de sus Ministros para solicitarle algo.

Otra cosa que se nos critica a los católicos es que nuestras Iglesias son inmensas, limpias y muy bien engalanadas con mármol, plata y oro. Aducen estos charlatanes que Dios nació en un humilde pesebre y que nunca ostentó lujos ni riquezas, etc. O sea que según ellos la Iglesia Católica es tan ignorante que no lo sabe y actua irresponsablemente.

Vuelvo entonces con mis deducciones y comparaciones lógicas y sencillas para que cualquiera con dos dedos de frente me comprenda y pregunto: Qué hacemos por ejemplo con los objetos y con la memoria de nuestros seres queridos, digamos padre, madre, hijos y demas familia y aún de alguien que sin ser familia hizo algo muy grande por nosotros o por nuestra familia o por nuestra patria, incluso dar su vida?.

No guardamos acaso su recuerdo en un lugar muy especial de nuestro corazón, respetando y adorando su memoria? aún mas su fotografía o las cosas que dejó, no son sagradas para nosotros?, si tuvieramos las posibilidades por ejemplo, no enmarcaríamos en oro su retrato o destinaríamos el mejor lugar de la casa para honrar su memoria y rendirle homenaje?.

Y porque no con mayor razón para honrar a Dios que es a quien debemos todo?, qué tiene de malo que querramos honrar a Dios en un lugar limpio, grande y embellecido con los mas finos y preciados materiales de la tierra?.

No somos tan tontos para no saber que a Dios todas estas cosas materiales no le interesan. Es el hombre en su grande humildad y conciente de su pequeñéz ante el gran Dios que todo le parece poco para honrar y alabar a quien todo se lo debe.

Lo que pasa es que todos estos sinvergüenzas tergiversan las buenas y sanas intenciones de la Iglesia Católica para engañar a los pueblos pretendiendo ser muy recatados y discretos. Les duele ver a la Iglesia Católica tan fuerte y poderosa con misiones en todo el mundo. Les brillan los ojos de codicia cuando ven o se enteran de las contribuciones que siempre, ha recibido la Iglesia de sus hijos en todo el mundo ya sea en metálico, títulos, tierras, palacios, etc.

Se olvidan de que la Iglesia Católica es una institución sumamente seria que tiene dos mil años de existencia, que tiene leyes y reglamentes inquebrantables y extrictos, que siempre ha contado con personal sumamente preparado, mil veces fortalecido espiritualmente. Que un simple sacerdote pasa toda una vida entregado al estudio, a la meditación, a la oración y al ayuno.

Jamás podremos comparar un fiel sacerdote de la Iglesia Católica con un charlatán de estos que lo único que hacen es escandalizar en las calles, en la prensa, en la radio y en la televisión. Que unicamente se preocupan de memorizarse en una forma asombrosa toda la biblia para empezar a llamarse Reverendo tal o cual y sin permiso de nadie comienzan a "predicar" y a llenarse los bolsillos con las contribuciones de toda esa gente que los sigue inocentemente.

En relidad sería la de nunca acabar si me pongo a enumerar todas las trampas de que se valen estos "iluminados" para enriquecerse.

En América Latina la Iglesia Católica siempre se desenvolvió con toda normalidad, sobreponiéndose siempre de todos los ataques que en diferentes épocas ha sido objeto, ya que siendo nuestros pueblos eminentemente católicos han corrido siempre en su auxilio y protección como es nuestra obligación.

Nuestra religión Católica en Latinoamérica siempre fué tomada muy en serio, muy amada y muy respetada. Aún cuando nuestra idiosincracia latina es muy dada a la chanza, al jolgorio, a la música y a la diversión en general, siempre hemos sido muy respetuosos, muy conservadores de nuestra tradición católica y de la liturgia Católico Romana.

Hemos aceptado y obedecido siempre con respeto las dispociones de la Santa Madre Iglesia, no por ignorantes o fanáticos como quieren hacerlo ver los ateos y enemigos del catolicismo, sino concientes de la seriedad de la Iglesia y de la sabiduría de sus dirigentes.

Desgraciadamente hará cosa de unos veinte o veinticinco años que la Iglesia Católica viene sufriendo mas fuertemente los embates de toda esta charlatanería mencionada anteriormente, y hoy mas que nunca en los dias que vivimos, es algo realmente insoportable; al mismo tiempo que ha estado siendo minada en su seno mas que nunca, por elementos conspiradores cuyo fin es desprestigiarla ante nuestros ojos logrando efectivamente engañar a muchos quienes decepcionados por lo que ellos creen se ha convertido la Iglesia actualmente, se han alejado.

Por ejemplo en nuestros dias, el católico serio, conciente, amante de su religión, se siente como obligado a no concurrir a la misa del Domingo, porqué? pues porque molesta profundamente que la tradicional liturgia católica este siendo salvajemente suplantada entre otras cosas, por una banda de revoltosos que se presentan con guitarras, maracas y demas instrumentos de música popular a escandalizar con gritos enfermizos y canciones puramente vulgares acompañados del batir de palmas por parte de la concurrencia, dizque alabando al Señor; faltandoles en realidad muy poco para ponerse a bailar.

De tal manera que ya no sabe uno si está dentro de una Iglesia Católico Romana o en una de esas asambleas dizque Cristianas en donde siempre observé esos escándalos con esa "música" y gritos y movimientos epilépticos que no se sabe si estan alabando a Dios o se estan peleando entre ellos mismos.

O sea pues que ya la Iglesia no celebra la misa siguiendo su liturgia tradicional, con aquella seriedad y solemnidad acompañada de los bellísimos cantos Gregorianos interpretados con toda la solemnidad por coros magistralmente dirigidos y siempre acompañados por el instrumento oficial de la Iglesia, el órgano. Esto era algo que realmente impresionaba e infundía respeto e invitaba al recogimiento espiritual. El Sacerdote hablaba con autoridad y sabiduría.

A mi me hace esto pensar que si por un segundo salieran de sus tumbas esos genios de la música como Federico Händel, Ludwig von Beethoven, Juan Sebastian Bach, Antonio Vivaldi, y muchos otros quienes dejaron un maravilloso legado musical a la liturgia eclesiástica se les pararian los cabellos de espanto al escuchar a esta chusma formando el "Coro" en la celebración de la santa misa y volverian a su eterno sueño horrorizados de la forma en que en la actualidad celebramos el sintísimo sacramento.

Hoy en día, hasta la construccion del edificio de la Iglesia Católico Romana han cambiado, y yo diría que intencionalmente. Antes, se distinguía con suma claridad el edificio de una Iglesia Católica con solo ver su arquitectura gótica tradicional (aunque usada tambien por la Iglesia Lutherana) ya que al menos en nuestros paises Latinoaméricanos cualquier otra religión se concretaba unicamente a una casa común y corriente que bien se confundía con una casa de habitación cualquiera. Ahora los nuevos templos Católicos apenas se distinguen de cualquier casa de vecino a no ser porque a veces se recuerdan de ponerle una Cruz al frente.

O sea que es marcada la intención de minimizar la importancia de la Iglesia Católica, queriendo darle la apariencia de una Iglesia mas del montón, de esas casa que como dije antes no se sabe si son templos de adoración a Dios o simplemente una cueva de sinvergüenzas que rentan un local a propósito en un barrio preferentemente populoso y ya le llaman Iglesia, convirtiéndolo en un negocio substancioso basado en las contribuciones de los "feligreses" y que les procura un flamante automóvil ultimo modelo, una o mas casas bien equipadas en cualquier parte, dinero en el banco y vaya Ud. a saber qué mas beneficios!. Es algo pues sinceramente espantoso como se manipula la religión actualmente.

Cuando he querido averigüar qué sucede, se me ha dicho que estos son otros tiempos, de que la Iglesia ya no puede ser la misma de siglos atras, que tiene que cambiar, que modernizarse, ponerse acorde con el mundo actual, que tiene que acercarse mas al pueblo para revitalizarse, para llegar mas facilmente a las juventudes y una montaña de estupideces mas.

O sea que han tenido que pasar casi dos mil años, digo yo, para que la Iglesia cayera en la cuenta de que se ha quedado rezagada y que tiene que ponerse al día permitiendo toda clase de atropellos por parte de sus enemigos.

Pero la Iglesia Católica siempre ha sido inmensamente fuerte y siempre tambien ha sabido salir airosa de cuantos ataques la han hecho objeto; aunque hay que reconocer que esta véz la cosa como que va en serio. Esta vez me parece que se encuentra bajo el fuego constante de un enemigo sumamente peligroso que cuenta con una experiencia de siglos, y no cabe duda que ha sabido fortalecerse enormemente y que ademas de siglos de experiencia, cuenta con montañas de oro y con todos los medios de difusión conocidos a su alcance.

Pero aún así, la Iglesia Católica cuenta con lo mas importante, con la protección de nuestro Señor Jesucristo que fué quien la fundó, y no creo que el Señor esté dispuesto a dejarse ganar la batalla.

Lo mas indicado, pienso yo, que Latinoamérica debería de tomar la cosa mas en serio y adoptar las medidas pertinentes para protejer nuestra Iglesia Católica.

La medida mas importante sería abolir para siempre la famosa "Libertad de Cultos" que tan cándidamente nos hemos dejado introducir y no permitir la entrada al país de ninguna otra ideología religiosa por muy honesta que parezca.

Dedicarnos en cuerpo y alma a nuestra religión Católica como lo haciamos antés y tratar de que vuelva ser lo que siempre fué antes de esta ola de vulgaridad e inmundicia que gobierna el mundo.

Reconozco de que cada persona es libre de creer o no creer, o de honrar a Dios a su manera; santo y bueno; pero en vista de que estas garantía no sirven mas que de rendijas para que se nos cuelen los enemigos de la Iglesia Católica para socabarla creando confusión, pues es preferible que nos traten de retrógrados o de incivilizados antes de permitir este caos espiritual en que se debaten actualmente nuestros tradicionalmente católicos pueblos de la América Latina.